産経NF文庫
ノンフィクション

こちら大本営報道部

言論統制と戦意高揚の裏側

平櫛　孝

潮書房光人新社

聴衆を前に演壇に立つ大本営報道部平櫛孝少佐。昭和16年秋に報道部勤務となった少佐は、太平洋戦争の開戦からソロモン戦に至るまで、陸軍のスポークスマンとして働いた。統制社会で戦意昂揚の第一線に立つ少佐は大きな影響力を持っていた。新聞、雑誌の検閲、芸能関係への働きかけ、一般の講演活動も重要な仕事だった

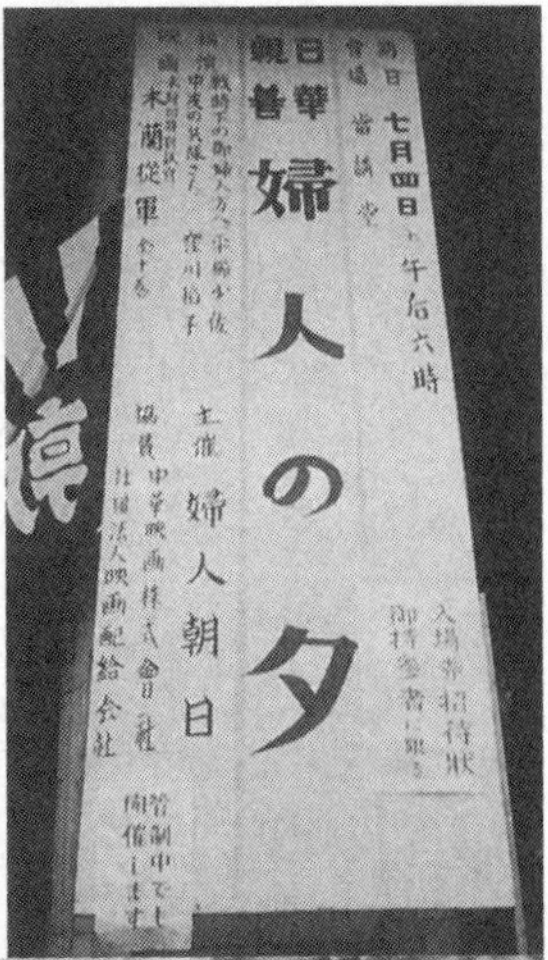

神田共立講堂で行なわれた朝日新聞社・婦人朝日の主催する講演会。『婦人の夕』というテーマで、二階席も埋めつくした人々の多くは女性だった

作家窪田(後の佐多)稲子女子〈下〉とともに講演する平櫛少佐。「戦時下の御婦人方へ」という内容だったが、様々な所からクレームがついた

陸軍省記者クラブのメンバーと報道部員との記念写真。前列左より平櫛少佐、鈴木(毎日)、富永亀太郎少佐、堀田吉明中佐、栗原(毎日)、佐野(読売)、藤井(朝日)、報道部長大平秀雄大佐、本間(読売)、沢畑養一郎少佐、中島鈊三少佐、大熊の各氏

JOAK(NHK)のラジオ放送のためマイクの前で語りはじめる平櫛少佐

太平洋戦争開戦当日の陸軍報道部内。左より武田、堀田、大平、中島、平櫛、黒田の各部員。三宅坂にあった庁舎はその後、市ヶ谷台の士官学校建物にうつされた

陸軍記念日に東京劇場で講演をする平櫛少佐。後方左は大谷松竹社長

後楽園球場での講演。手前は軍楽隊でバックスクリーン付近が演台だった

陸軍省に恤兵金の献納に訪れた横綱安芸海と。右端は陸軍省高級副官

靖国神社大祭で全国から集った遺児代表と。中列の軍服姿が平櫛少佐

報道部では文芸家たちとの交流も行なわれた。写真は尾崎士郎氏との歓談

宇都宮近郊で実施された落下傘演習で報道陣たちと接する平櫛少佐〈上写真〉。平櫛少佐は報道部勤務の後、第四十三師団参謀としてサイパン島防衛の任にあたり、最後の総攻撃で重傷を負い、米軍に収容され生還する。写真は報道部勤務当時、支那事変での金鵄勲章受章のころ

こちら大本営報道部——目次

第一章　報道部の発足

第二章　日米開戦

第三章　アメリカの反攻

第四章　南海の死闘

第五章　頽勢いかんともしがたし

第六章　敗戦

こちら大本営報道部

言論統制と戦意高揚の裏側

第一章　報道部の発足

新聞班の誕生

戦後に出た陸軍に関する著書には、必ずといってよいくらい「軍閥」「皇道派」「統制派」という言葉が出てくる。しかし、私をはじめとして、当時の新聞班員、報道部員でさえ一部の者をのぞけば、「自分は皇道派なのか、統制派なのか、そんな派閥はどんなかたちで自分の周辺に現われているのか」すら知らず、軍閥という言葉さえよその世界の言葉のように感じていたのだから、地方の隊付将校においておや、というのが実情だった。（高橋正衛著『昭和の軍閥』中公新書）。

特に私は陸軍士官学校第四十一期生で、これは昭和の初期、陸軍内で起こった種々の事件には必ず登場する期であり、また軍縮の風当たりをまともに受けた期でもあった。昭和四年七月十七日の卒業者数も、たった二百三十九名である。これを他期に比べてみると、十年前の第三十一期が四百八十五名、十年後の五十一期が五百六名、陸軍士官学校最後の卒業にあたる第六十一期にいたっては五千三名となっている。

この四十一期生は、卒業前の満州旅行のとき、遼東半島の旅順偕行社（陸軍のクラブ組織）で、当時の関東軍参謀河本大作中佐（満州事変の火つけ役の一人）から「満蒙事情」と題した講演を聞き、緊迫した情勢を改めて認識し、大いに血を湧かせた。

そもそも陸軍の学校では、幼年学校から陸軍大学校までの教科の中で、政治に関する教育はない。陸軍士官学校予科（昔は中央幼年学校と呼んでいた）のとき、大日本帝国憲法の講義が二時間くらい、全員を大講堂に集めて文官教官の担任で行なわれただけであった。しかも「軍人は世論に惑わず、政治にかかわらず」という軍人論の大憲章を頭上にいただき、政治とか世論に関しては無菌状態の哺育器で育てられていたのだから、士官候補生たちにとって、河本参謀の講演は刺激が強かった。その後も、私たちの周辺では、昭和の陸軍史に登場してくるさまざまな人物との接触が多かった。

まず大正十四年、士官学校予科に入校して間もなく校長に真崎甚三郎中将（皇道派の首脳）を迎え、区隊長には長勇中尉（皇道派・沖縄兵団参謀長・自決）、小原重厚中尉がおり、直接教育指導を受けた。また学校付として、相沢三郎大尉（皇道派・昭和十年八月、永田鉄山軍務局長を斬殺。死刑）もいた。

士官学校予科は（幼年学校、士官学校も同じだが）全寮制であるから、軍隊ではないが、幹部の退校（夕刻帰宅）後は、軍隊と同じように週番制で幹部が宿直し、軍紀や風紀の取り締まりの責任者となる。相沢大尉も週番司令として私たちの自習時間中、自習室を巡視した。他の週番司令や週番士官は、靴をはいたまま帯剣をじゃらつかせながらやって来るので、その前ぶれの音で、ストーブの周囲に集って雑談をしている連中も白席に帰り、居眠りをしている学友を起こし、「静かに熱心に勉強をしています」という態勢をととのえることも容易だった。しかし、相沢大尉は他の人とはちがっていた。階段を靴音高く、帯剣をじゃらじゃらさせながら上ってくるまでは同じであるが、自習室に入る前に靴を脱ぎ、帯剣をはずし、靴下はだしで自習室内をそおっと音をたてないように巡視する。そおっと近づいて、居眠り者を摘発するという悪意は毛頭なく、熱心に勉強をしている者の心を散らせまいとする情愛の親心である。小さな心づかいとはいえ、普通の人のできないことである。この親心にこたえてか、相沢大尉の週番のときは、みな静かに勉強をした。

後日、相沢事件がおこったとき、「あの人がまさか……」とびっくりしたのは私だけではあるまい。しかし、かつての生徒思いが、国思いとなり、間違っていると思ったことに対する激情となったことはうなずける。

二・二六事件に連座した栗原安秀、中橋基明、対馬勝雄各中尉も同期生である。しかし、十八歳から十九歳の少年期を、政治的な指導も、政治的関心もなく、全員校内で起居をともにし、新聞も雑誌も、上司の許可のないものはいっさい読む機会もなく、許された新聞でさえ世論、政治の記事は切り抜かれてあり、「世論に惑わず」とか「政治にかかわらず」の金科玉条のもと、一般の世界から遠く隔絶された別世界で暮らさせられ、「世論」とはそもそもどんなものかさえ知るべくもなく、ただ、食欲のみに生甲斐を感じる世界だった。しかし、「惑わず」とか「かかわらず」ということと、それを「知らせない」「教えない」ということは違うと思う。戦争のような総合的な判断力を必要とする事件にたずさわるものの教育方法が、はたしてこれでよかったか、という疑問は、当然のこととして残る。

昭和四年十月、少尉に任官し、翌昭和五年になると、砲工兵科のものは全員砲工学校へ、他の兵科のものもその専門の教養を身につけるため、飛行学校、歩兵学校、戸山学校などに派遣される者が多くなった。このころがいわゆる青年将校運動の台頭期となる。

吉田茂の『対満蒙私見』、北一輝の『日本改造法案大綱』、石原莞爾（関東軍参謀）

の『国運転回の根本国策たる満蒙問題解決案』などを読む機会も多くなった。陸軍部内が陸軍大学卒業者（俗に天保銭組といった）のエリート組と隊付将校（無天組）とに進路がわかれ、その矛盾は現在の官僚社会における有資格者とそうでない者の場合とよく似ていた。将来の栄達が約束されているエリート組に対し、生涯、下級兵士と生活をともにする隊付将校こそが本来の軍人の姿であるとする「兵農一致」の思想は、当時松浦邁見習士官によって『現下青年将校の往くべき道』と題して配布されたりして、それらに啓発される点が多かった。

一方、田中清少佐の『粛軍に関する意見書』、橋本欣五郎中佐、長少佐、小原少佐（かつての区隊長）の呼びかける『桜会趣意書』など、それまでの温室育ちには、あまりにも刺激が強すぎた。

昭和五年以来、国家革新の思想は軍内に浸透し、毎月一回の桜会の例会、翌昭和六年の三月事件、七月には『敢えて同志に檄す』といういわゆる怪文書が配布された。満州における中村震太郎大尉、杉野曹長の殺害事件、小原重厚の呼びかけによる「血盟の士の連判状」をもとにした俗に昭和維新といわれる十月事件、昭和七年には犬養毅総理を銃撃した五・一五事件、民間では井上日召らの血盟団事件、昭和九年には士官学校事件（この中に出てくる片岡太郎中尉も四十一期生）、そして昭和十一年の二・二六事件へと発展してゆく世相であった。
このころ配布された檄文はいろいろあるが、その一つ（昭和六年）を掲げておく。

激！（原文のまま）

敢エテ同志ニ檄ス
今ヤ国家重大ノ時機に直面シ内外ノ情勢真ニ黙視スルニ忍ヒサルモノアリ爰ニ血気溢ルル青年有志相会シ左ノ趣旨ニ依リ懇談ス
志士堂ニ満チテ百五十ヲ算シ伝ヘ聞キテ馳セ参スルノ士遠キハ岐阜、甲府ニ及フ真ニ国家ヲ思フノ熱弁ハ相続イテ起リ言悉ク焦眉ノ急ヲ告クル満蒙問題解決ニ集中セラル肝胆相照シ意気正ニ天ヲ衝クノ概アリ談論深更ニ及フモ尽クル所ヲ知ラス
会合ノ趣意
一、青年各位ハ益々士風ヲ振起シ真ニ精神的融和団結ヲ図リ正義ヲ擁護シ国家ノ危難ニ処ス
二、満蒙問題解決ノ急務ヲ同僚ニ徹底セシメ機ニ臨ミ各々職責ニ応シ解決ニ万遺憾ナキヲ期ス
三、今次会合ノ熱意ヲ全同期生ニ伝達シ各地方毎ニ本主旨ノ貫徹ニ邁進ス

四、全青年将校ノ所見方策ヲ募ル（至急本檄発送者宛御返書ヲ希フ）
五、将来当地ニ於テモ時々本主旨ニ依リ有志ノ懇談会ヲ催フス
皇紀二千五百九十一年七月十七日

この後に陸士第二十八期の長勇を筆頭に第四十二期生までの出席者名を列記し、檄の下地には赤で日章旗が印刷してあり、註として連絡不十分、特に少尉候補出身者に対する詫びの一文がついている。

ところで、皇道派とか統制派とかいう派閥は、それぞれの派が自らそう名乗っていたわけではなく、ジャーナリズムや取り締まり当局が便宜的につけた呼称である。それぞれの人脈については、大谷敬二郎元憲兵司令官の著書『軍閥』にくわしい。

昭和十六年当時、私は陸軍科学学校（旧陸軍砲工学校）で、機械と測量の普通科学生担当の教官だった。ある日、突然「補陸軍省軍務局付」という辞令を受けた。これには驚いた。学校内の諸先輩教官に「どんなことをするのでしょう」と聞いて歩いたが、「さあ」という返事だけだった。

軍務局といえば、陸軍の軍政の枢機であるとともに政府、議会、その他、部外と接触し、いわば政治と軍事の接触点で、両者を総合的に観察する性格を持つところで、

局長をはじめ、その所属各課員は、陸軍のエリート幕僚でしめられているところである。どう考えても、私のような者の行くところではない。遂に意を決して学校長下村定中将（最後の陸軍大臣）に聞いてみて、やっと少しわかるところがあった。宮庁（陸軍省）の官制の改正は、議会に対する配慮もあるので、臨時軍事費などによる新編制の部課や、定員増加等の場合は、俸給はその発令された仮りの所属から出るが、実際の仕事の職場とは別である。だから、赴任して軍務局長に申告を行なったとき、はじめてその仕事の内容がわかるのだとのことであった。

こんなわけで、何をするのか、どこで仕事をするのかわからず、三宅坂の陸軍省軍務局に出頭してみて、私ははじめて陸軍省報道部がその新職場であることを知った。報道部長は大平秀雄大佐だった。

こうして昭和十六年十二月の開戦まで、新前の陸軍省報道部員は、これという仕事もない庶務係的存在だった。その間私は報道部の歴史を調べてみた。

報道部の前身は、陸軍省新聞班で、大正八年に田中義一陸相により創設されたものである。軍と国民との接触を強化するという方針により、ややもすれば閉鎖主義の陸軍の実態を国民に開放して見せるという意義をもつもので、当時のジャーナリズムからも非常に好評だった。しかし、この新聞班は、陸軍省の正式の官制には記録されたことがなく、大臣命令による臨時編制の部局として終戦まで存在し、当初は大臣直轄機関として、ついで軍事調査委員長の隷下に入り、他の陸軍省の各課とならんで軍務局の一部局となった。

昭和十一年八月の陸軍省の職員表を見ると、

大臣　大将伯爵　寺内寿一　　次官　中将　梅津美治郎

大臣官房　人事局（補佐課、徴募課、恩賞課）、軍務局（軍事課、軍務課、新聞班）、兵務局（兵務課、防備課、馬政課）、整備局（戦備課、整備課）、兵器局（銃砲課、機械課）、経理局（主計課、監査課、衣糧課、建築課）、医務局（衛生課、医事課）、法務局

となっている。上記の中の新聞班は、

班長（兼）歩兵大佐秦彦三郎

班員（兼）砲兵中佐三国直福、歩兵中佐今村嘉吉、砲兵中佐清水盛明、歩兵少佐林群喜、歩兵少佐大久保弘一、歩兵少佐斎藤二郎、歩兵少佐作間喬宜、砲兵少佐松村秀逸、歩兵少佐市田一貫

創設以来、新聞班は官制上次のように変更されている。すなわち、昭和十二年十一月、大本営陸軍報道部となり、昭和十三年八月、陸軍省情報部と改称されたことも

あったが、第二次大戦中は陸軍報道部として大本営発表の窓口機関となり、国民との間のパイプ役を果たした。

大本営条令によると、「陸軍報道部」の任務は、「戦争遂行に必要なる対内、対外に対敵国宣伝報道に関する計画及実施を任務とす」と規定され、また大本営発表業務については、「発表の内容及時期、方法等は慎重顧慮、常時幕僚と緊密に連絡し、以て軍機の秘密を保持すると共に我が国民の志気を鼓舞し、敵の戦意を失墜せしむるものとす」と規定されていた。

なお、昭和十二年十一月、軍令第一号による大本営編制では「二、大本営陸軍報道部」としての規定があり、陸軍省新聞班は一面において参謀総長の隷下に入った。この時の編制は次のとおりである。

部長　少将（大佐）一（通常陸軍省職員たるものを以てこれに充つ）

部員　佐（尉）官六（内三は通常陸軍省職員たるものを以てこれに充つ）

ここに、歴代新聞班（報道部）長を順に挙げると次のようになる。

大正八年二月、秦真次。大正十一年二月、仙波安芸。大正十二年七月、三宅光治。大正十三年三月、桜井忠温。大正十五年十月、軍事調査委員長畑英太郎（次官）の隷下にはいる。昭和五年八月、古城胤秀。昭和七年八月、本間雅晴。昭和八年八月、鈴木貞一。昭和九年三月、根本博。昭和十一年三月（軍務局長の隷下に編制替え）、秦彦三郎。昭和十二年八月、原守。昭和十二年十一月、大本営令により「大本営陸軍報道部」として、参謀総長の隷下に入る。昭和十三年七月、佐藤賢了。昭和十三年十二月、清水盛明。昭和十四年十二月、松村秀逸。昭和十五年十二月、馬淵逸雄。昭和十六年十月、大平秀雄。昭和十七年三月、谷萩那章雄。昭和十八年十月、松村秀逸。昭和二十年七月、上田昌雄。

昭和初期の激動の渦流の中で、陸軍は二・二六事件後、粛軍人事を断行し、中央首脳部の機構改革を行なった。すなわち、

一、軍人の個々の政治干与を厳禁し、必要なときは陸軍大臣を通じて強力に政府に働きかけ、かつ推進する。

二、陸軍大臣の政治幕僚としての軍務局の地位を明確化する処置をとる。

私が軍務局付という命課を受け報道部に勤務したのは、こんな環境の中で、四十期代の最若年であり（四十期はいなかった）報道部の先輩に三十期代末期の人が多く、思想穏健、勤務精励型の人ばかりであって、悪くいえばことなかれの能吏タイプというおとなしい部員構成ができあがっていたからである。

後述する歴代報道部長の横顔を取材するため、昭和十四年ころ報道部長だった清水

盛明氏を訪ねたとき、昭和十一年のころの話として、清水氏が報道部の前身である新聞班員として在職していたころは、班員は一つの命題に対して侃々諤々の討論を行ない、勤務時間中に結論に達しないときは、四谷大木戸あたりの行きつけの料亭に場所を移し、一杯飲みながらディスカッションをつづけ、ときには深更におよんだと話をしてくれた。

この活発な空気は、私が着任したころにはすでに姿を消していて、ディスカッションどころか、皆で酒杯を傾けて、雑談をする機会もなかった。これは大東亜戦争（太平洋戦争）の開戦による繁忙と、各部負の担当が一人一部門という責任分担制であったため、机は並べていても、隣席者は他の部門の責任者であって、同一問題についてたがいに意見を求めあうことができない状態であった。それに加えて二・二六事件後の粛軍人事の結果、報道部員は去勢された軍馬のような唯々諾々の毎日で、前述の清水氏などは「折角われわれがレベルアップさせた報道部の著しいレベルダウンだった」と嘆いていた。

こんな報道部に、とかく問題の多かった陸士四十一期の私が勤務することになったことすら、人事局の何かの誤認だったのかも知れず、報道部は陸軍のスポークスマンの資格さえ持たぬ、ただのスピーカー的存在に甘んじなければならない状態であった。

報道部のスタッフ

これにくらべて、過去歴代の新聞班には異色の人材がたくさんいた。まず、大正八年、陸軍省新聞班創設当時の主導者は秦真次、桜井忠温、岡村寧次などで、初代新聞班長秦は、昭和十年八月の陸軍の定期大異動で真崎教育総監が更迭されたときの原案の中では、荒木貞夫陸相時代、憲兵司令官として、派閥争いの激化に一役も二役も買ったことが当局の忌諱に触れ、この異動により予備役にさせられる候補者だった人である。

三代目の三宅光治大佐は後に満州事変当時、関東軍参謀になった人で、世評によると、口八丁手八丁の才物であったそうだ。四代目桜井忠温については、多くを語る必要もないが、日露戦争に従軍して重傷を負った旅順口の戦闘記録を『肉弾』と題して世に発表し、陸軍には珍しい文人として一世を風靡したものだ。これまでの陸軍は、一般社会に対して日頃から閉鎖主義の態度をとっていた。ことに筆を持つものに対しては異端者扱いをしていた。また、社会主義に対しては恐ろしく神経過敏であった。

この陸軍の伝統的な門戸閉鎖の風潮を粉砕し、筆によって軍の考え方を国民に理解させ、その理解の下に陸軍の機能を発揮させようと努力したのは原敬内閣の田中義一陸相で、それは確かに相当な見識によるものといってよく、その卓見は高く評価されてしかるべきものである。そのために白羽の矢がたったのが『肉弾』の桜井忠温だった。しかし、こと志に反して、世間の桜井忠温に対する風当たりは冷たく、『肉弾』以後しばらく擱筆していた桜井にさらに『銃後』を執筆させたのも、田中大将であった。

その後も本間雅晴（太平洋戦争時のフィリピン派遣軍司令官）、鈴木貞一（後の企画院総裁）、佐藤賢了と新聞班長は大物ぞろいだった。佐藤賢了は陸軍省軍務局軍事課の内政班長時代、『国家総動員法』（昭和十三年四月一日公布）を審議中の衆議院で、宮脇長吉議員（佐藤が幼年学校時代の生徒監だった元軍人）の質問に対して「だまれ」と一喝したことで有名になった。多士済々だったころの報道部スタッフの横顔を描いてみよう。

清水盛明

英・仏・独・露・伊の五ヵ国語をマスターし、在外武官の経験を持ち、自らコスモポリタンと自任するだけあって、画筆もとり、彫刻にも造詣が深く、その理想とするところは世界連邦の理念に立脚した国防国策であった。国際情報に足をふんまえた国防を提唱し、日本の内閣に宣伝省を設けるべく内閣情報局の前身である内閣情報委員会を設立し、自らもその構成メンバーとなり、軍が政治に立ち入ることを極力避けるため、表面に立たず、文官のバックにあって努力した。

彼の論文をまとめた『文と武の道』という冊子にくわしく自らの理念が語られているが、根本博らとともに作成したパンフレット『国防の本義と其の強化の提唱』は清水の起案によるもので、当時のジャーナリズムに大きな波紋を与え、反響を呼んだ。これは通称「陸軍パンフレット」と呼ばれるもので、昭和九年十月の発行で、その後の昭和十一年十一月発行の『陸軍軍備の充実と其の精神』とともに日本の政治、経済、言論界に対し軍の考えている国家体制の展望として「綜合国力戦の勝利者となるための国防体系の完成と政治の革新」を呼びかけている。この発想の原点は清水盛明である。

当時よく歌われた「愛国行進曲」が、彼の作詞によるものであることを知る人は少ない。フランスの「ラ・マルセイエーズ」のような、広く国民から愛唱されるものを望んだ清水のコスモポリタン的行動の片鱗の現われである。しかし、フランス革命の民衆の中から生まれたマルセイエーズと、お上からのお仕着せとして下に流された愛国行進曲では、親しまれかたが違っている。戦後もサンマリノ共和国名誉総領事、在ローマ日伊貿易協会駐日代表と、彼の眼は常に世界に向かっていた。

根本博・松村秀逸

この両名に共通するものは二・二六事件を頂点とした陸軍の青年将校団の一員として、早くから政治に関心を持っていたことであろう。

根本は昭和三年十月のなかば、軍事課員鈴木貞一中佐（鈴木は昭和八年に報道部長となり、その後任として昭和九年に根本博が報道部長になっている）、土橋勇逸少佐（軍事課外交班）の呼びかけに応じて「国策などを研究する」第一回の会合に集った九名の中の一人で、その当時、この会を「無名会」といったが、これは後の「一夕食」の前身である。また昭和四年一月には、東条英機、鈴木貞一とともに岡村寧次を訪ね、土肥原賢二の後任（奉天督軍顧問）について意見を述べた。

五月の一夕食（中佐少佐級の正義の士の会と自称）の発会の出席者の中にも根本の名がある。昭和五年十月一日の桜会の第一回会合のメンバーには、根本はもちろん、後出する報道部員樋口季一郎中佐も顔を出している。この桜会は「国家改造を以て終局の目的とし之がため要すれば武力を行使するも辞せず」という、国家改造に関心を持つ中佐以下を会員としていた。

昭和六年のいわゆる三月事件と十月事件では、国家改造のための方法や手段を宇垣一成、杉山元、二宮治重、小磯国昭、建川美次、山脇正隆、橋本欣五郎、大川周明などと協議していたようで、十月事件では、最も危険な過激分子として、橋本欣五郎など九名とともに検束されている。三月事件というのは、昭和六年、宇垣一成を擁して政権を奪取しようという橋本、大川らのクーデター計画であり、十月事件というのは陸海軍が共同して閣議を襲い、荒木貞夫を擁して政権を奪おうというものであった。中佐時代は参謀本部第六課（英米班）に勤務し、新聞班長時代に発表したパンフレット『国防の本義と其の強化』は有名である。終戦時中将で駐蒙古司令官だった。

松村秀逸は前述の檄の中にも、その出席者として名をつらねているくらいで、根本と同じく国策について深い関心を抱き、こういった青年将校の動きに理解を持っていた。戦後、その著『三宅坂』では日本陸軍の構造に鋭いメスを入れて、広く反省の材料を提供している。とくに陸軍将校の揺籃である幼年学校、士官学校の生活の中の日曜下宿（県または藩〈旧大名の支配範囲〉ごとに日曜外出のときに行って休んだり、読書をしたり、レコードを聴いたり、食事、甘味の満足感を味わうところ）にスポットをあて「……ここにまだ封建的な残滓が残っていた」と看破し、また、生徒が同郷の先輩を訪ねて、ご馳走になるという習慣、将校団と称する同じ部隊出身者の強固な団結組織にも注目し、派閥または軍閥発生の原因になると指摘している。

私も松村も広島県の出身で同郷であるが、士官学校在学の時期がずれていたので、私は彼とは日曜下宿を通じてのつながりはないが、同じ砲兵科の先輩後輩の関係で、しかも同県人であるということに親近感を持っていた。前出の清水盛明に対しても、同県人ではないが、同じ砲兵科の出身であるということに、特別な何かを感じていたものである。

昭和十二年一月二十二日、広田弘毅内閣が総辞職し、二十四日、大命が宇垣一成に下った。宇垣は、宇垣に反感をもつ陸軍から陸軍大臣を出すことを拒否され、ついに宇垣内閣は流産して、二月二日、林銑十郎内閣が成立した。

宇垣の組閣にあたって軍が陸軍大臣を出さなかったのは、三月事件にその原因がある。そもそも、軍の統制を乱すもととなった三月事件の最高責任者である宇垣が首相になったのでは、挙軍粛軍に向かってすすんでいる軍の統制がまた危うくなるというのが、その一つの理由であった。大命降下は元老西園寺公望が奏上して決定される、西園寺は陸軍を抑えるには宇垣しかいないと信じ、いったん宇垣に大命が降下されたが、陸軍の横槍で宇垣内閣はつぶれ、林銑十郎がロボット内閣を組閣することになった。

この組閣劇の舞台裏で、松村が大活躍をしている。すなわち、林の自動車が閑院宮邸に入ったという情報を、松村秀逸が新聞記者からきき、磯谷軍務局長に報告し、松村は磯谷からいわれて梅津次官にこのことを報告した。その報告を聞いた梅津は、「陰謀だ。よくわかった」といって急いで部屋を出て行った。（松村秀逸著『三宅坂』より）

陸軍大臣については、宇垣内閣では板垣征四郎を考えていたが、林内閣も板垣陸相を希望していた。そして広田内閣の寺内陸相の後任として板垣をと談じこんだが、寺内のほうは林との会談を終えるや、わざわざ新聞記者を集め、次のような異例の発表をした。

「後任陸相は、三長官会議において、中村孝太郎中将を推薦することに決定せり」

しかし中村は、在任わずか七日、急性チフスにかかり、杉山元と交代した。（高橋正衛著『昭和の軍閥』中公新書）

松村は報道部二度のつとめだけあって、その仕事ぶりは馴れたもので、内外の受けもよく、口髯は松村のイメージづくりの一つともなっていた。

馬淵逸雄

私が報道部に勤務したのは昭和十六年秋からである。そのときの報道部長は大平大佐だったが、その前任者は馬淵逸雄だった。私が報道部のデスクに座って最初にこれを読むようにと見せられたものは、ガリ版刷りの『報道部員の心得』という小冊子だった。「誠心誠意、公明、用意周到」といった、いままでどこかで耳にたこができるほど使い古された言葉ばかりが氾濫していて、内心「またか」と感じた。しかし、この中で、強く私の心をとらえた一節があった。「人に親切であれ。報道部員は素人であれ、玄人ぶるな」という言葉だった。

隣席の先輩同僚に、「これは大平大佐のつくったものか」と聞くと、「いや、大平さんの前の馬淵さんのときのもので、馬淵さんのころには、新任者には必ず渡されたものだ。君には必要ないだろうけれど……」という返事だった。

馬淵は私が報道部に着任する前の昭和十六年秋、第五師団参謀長として転出しているので、直接その配下として勤務したことはないが、何か心ひかれるものがあった。戦後、私は陸士第三十期の追悼録を手に入れたが、以下はその追悼録よりの抜粋である。

馬淵逸雄は昭和九年から昭和十二年にわたり、陸軍大臣官房付として『満州事変史』という満州国の建国指導に関する政略史の編纂に当たっていた。その後、支那派遣軍司令部、上海報道部長、南京報道部長を歴任し、昭和十五年には陸軍報道部長という報道一筋に歩んできた人である。

『土と兵隊』『麦と兵隊』など、いわゆる兵隊シリーズの作者火野葦平こと玉井勝則伍長に執筆の時間を与え、あれだけに育てあげたのは、南京時代の馬淵の功績である。陸軍省報道部長になったころは、陸軍部内でも報道部に対する眼はつめたかった。関東軍から報道部に転じた某中佐が、

「報道部など、真の武人の行くところではない……なんとかごまかしてしまえば……」

と広言していたという話もあった。今では死語となってしまった「文弱」という言葉も、このころのものである。そんな環境の中で、前記の「報道部員の心得」を読みかえしてみると、その卓見に敬服するほかはない。当時、これを甘く見ていた自分の客気が恥ずかしいばかりである。

軍の報道部員が最も深い接触を持ったのは、戦時中に報道班員と呼ばれた従軍の新聞雑誌記者と従軍作家とである。すでに明治四十二年、日露戦争の後「従軍記者の取扱い」という規定ができ、昭和十八年後半に近代的に改訂された。日清、日露戦争では従軍記者として徳富蘇峯、国木田独歩、田山花袋などが従軍している。蘇峯のほか

は皆作家（文士）である。

その人たちはそれぞれ新聞社と契約し、軍に頼んで〝便宜供与〟をうけて従軍し、従軍記を書き、それを原稿として、軍事郵便などによって契約した新聞社に送った。これが読者にうけて、新聞は売れる。帰国すると、その人にはハクがつき、作品は売れるという諸方めでたしめでたしで、新聞社も、新聞記者も、作家も、軍には一目も二目もおかざるを得ないし、軍のほうは恩に着せていばるという悪循環をくりかえした。報道というものをあまりにも商業主義的にとらえすぎていたと思う。

私が報道部に勤務していたころ、陸軍省の記者クラブにいた読売新聞の佐野康記者は、支那事変がはじまるとすぐ北支那の前線、翌年は徐州から武漢方面に従軍した。また、陸軍省記者クラブ員ではないが、北支、中支、比島に従軍した朝日新聞の田中利一記者など、口をそろえて、「近代戦は総力戦だとはいうものの、実は戦争は軍人だけがやるもので、従軍記者などは軍馬、軍犬なみ、いや、それ以下とみていた第一線部隊の将校が多かった」といっている。こうした風潮のなかで、馬淵は自らの講演原稿を記者クラブの意見を聞いてから書くという異色の存在だった。

また、馬淵は、禅味あふれる達磨大師の絵が得意だった。この絵心が、彼の任期中、「聖戦美術」という、当時としては豪華な戦争記録画集を発行する企画となって現われた。藤田嗣治、小磯良平、宮本三郎、川端竜子、橋本関雪、向井潤吉など有名大家十四画家を従軍させて、絵画による戦争記録という、ちょっと類のない報道分野をひらいた。

昭和十六年九月一日、日比谷公会堂における関東大震災十九周年記念日の松村の講演は、「関東大震災で、十数万人が死んでいるが、その大部分は、二次災害の火災によるものである。現在、東京には消防自動車が百二十台しかない。（注、昭和五十四年には東京の消防署の数だけでも百二十以上）もし、東京に関東大震災級の天災または人災がおこったら、その被害たるや……」

といったような主旨のもので、その卓見は驚くべきものがあったが、この講演会は中野正剛を主賓とする講演会で、馬淵がこのことを知ったのは会場に着いてからであった。東条英機と中野正剛の確執は当時周知の事実だった。馬淵は東条から「軍の報道部長が中野なんぞの講演会に出席して講演をするとは何ごとか」と叱責された。こうして馬淵は、開戦前夜の日本の上層首脳の間を大きくひきさいていたクレバスに落ちこんで、その犠牲になった。

間もなく馬淵は、報道部長を追われ、朝鮮の連隊長に転出させられた。その送別の宴で報道部員、記者クラブの新聞記者を前にして「バカになれ。バカになることだ……」と叫びながら、中央から離れていった。

大平秀雄

陸軍省人事局では、この馬淵人事の影響を受けたのか、皮肉にも馬淵が教えた「報道部員は素人であれ」を遵守したわけでもあるまいが、陸軍大学校兵学教官だった大平を馬淵の後任にすえ、報道部員は二・二六事件以来の粛軍人事による穏健派の集団となった。大平は生来内向型で、人と話すことも好きでなく、また話し下手で、むしろ部隊長、参謀長の適格型であった。お世辞にも報道部長に適格とはいえない性格で、陸軍省詰めの記者や来訪出入りの外部の人との折衝も好きでなかったようだ。

この時期に太平洋戦争が開戦となり、あの十二月八日朝の歴史的な発表も、どちらかといえばカン高い声の大平によって読みあげられた。開戦後数十年にもなる今日でも、その録音が時々ラジオ、テレビで流れることがある。誰いうとなく「もう少し劇的に、もり上がりを見せられなかったかなあ」というのが内外からの声であった。

それにつづく真珠湾攻撃、マレー沖のプリンス・オブ・ウェールズ、レパルス撃沈と海軍報道部（平出英夫課長）関係の発表が、こちらは大平（陸軍）とは対照的に派手で外交型の平出報道課長によりつぎつぎと行なわれ、陸軍報道部は指をくわえてこれを見守ることを余儀なくされた。前述した清水盛明のいうレベルダウンの形になってしまったのである。

　大平は終戦時、東部軍管区参謀副長（少将）であった。

　萱原宏一氏（元講談社役員）より聞くところによれば、大平は戦後の総理大臣大平正芳氏と縁のつながる香川県人だそうである。

谷萩那華雄

　谷萩は前任の大平にくらべて、開放的で明るい性格だった。新聞、雑誌社の記者との会談にも積極的で、その評判もよく、体格は堂々としていて、話術も心得ていた。茨城訛りのフランス小咄風の猥談が得意だった。ある日の部長会議で、重要議題をかかえて参集した各部長は、緊張そのもののこわばった表情で、書類に眼を通していた。重苦しい沈黙が続いていた。突然、末席にいた谷萩は、誰に話すでもないが、誰にも聞こえる得意の猥談をはじめた。

　その日の議長格の杉山元、東条英機の入室を今や遅しとじれ気味だった部長連も、いつか谷萩の話にまきこまれ、その話が緊張から爆笑に変わるその瞬間、杉山、東条がドアを押して入室してきた。あたかも爆笑が杉山、東条に浴びせられたようなタイミングのよさで……。その日の会議がどんなものでどんな決定になったか、それは語ってくれなかったが、谷萩は「いくら年をとっても、猥談の嫌いな奴はいないからな。杉山はそれでなくても細い眼でおれをにらみ、東条は苦虫面をいっそう苦々しくさせていたよ」と語ってくれた。

報道部長は書類に大臣決済の印をもらうため、よく大臣室へ行く。大臣があいにく在室せず、決済が急を要するものであるときは、その書類を持って官邸へ行く。谷萩はある日、書類を持って官邸に東条を追いかけて行って、取り次ぎに出た東条かつ子夫人（私たちの仲間内では、蔣介石夫人宋美齢をもじって、東美齢と仇名をつけていた）を女中と間違えたというエピソードももっている。しかも、そのそそっかしささえ、何か皆から愛されるという憎めない存在であった。

大平部長時代から海軍報道部に押されっ放しで萎縮していた陸軍報道部も、谷萩の人柄にひきずられて、活気をとりもどしていった。

樋口季一郎（高級班員）

昭和四年八月、報道部の前身であった陸軍省新聞班（班長桜井忠温大佐）に高級班員（当時中佐）として勤務したが、桜会の発起人の一人として、橋本欣五郎とともに活躍した人で、もともと文筆活動は苦手の方であった。彼自身も、「私の報道部在任中の一年は、永い軍人生活を通じてこれほど意味のない時代はなかった」と述懐している。

彼が報道部に着任した当時は、省内の新聞班に向けられる眼は冷たく、開戦後と違って「発表」があるわけでもなく、陸軍省詰め記者たちも手持ち無沙汰で、記者クラブは碁会所でしかなかった。省内の新開班に対する要求は、新聞が陸軍首脳部の消息を記事にしない、特に朝日新聞が陸軍に対して何か偏見に近い考えをあらわにしている、こんなことでよいのか、新聞班は何をしているのか、という詰問的なものばかりだった。

そのころ、朝日新聞は緒方竹虎編集局長の時代で、政界人、財界人、評論家などを集めて「軍縮」に関する座談会を開催した。そのメンバーに、陸軍から誰も参加していない。樋口は緒方に対して、「貴社が陸軍を論ずることは自由だが、必ず陸軍を被告あつかいにする座談会になるだろう。この席に陸軍側の誰をも招かないというのは、新聞ファシズムの欠席裁判ではないのか。たとえ被告にされてもよい。被告にも発言の機会を与えられるようにしてもらいたい」と談じこんだという逸話がある。

そうして、昭和五年八月、東京警備司令部参謀に転補され、昭和七年の血盟団事件のとき、血盟団の副将格の古内栄司をかくまって、大蔵栄一大尉と秦真次憲兵司令官との間にたって活躍するなど、新聞班勤務の前後にも異色の活動をした人物である。血盟団事件というのは、井上日召を盟主とし「一人一殺をスローガンに、井上準之助、団琢磨等を暗殺し、国家主義政権の樹立をはかった事件である。終戦時は第五方面軍（札幌）司令官で中将となっていた。

秋山邦雄（高級部員）

秋山の報道部在勤は、樋口より十三年もたった昭和十七年になってからのことである。しかし、この両部員は、方向こそ両極端を行ったものであるが、その政治的手腕はともに高く評価されるものであった。

秋山が大本営報道部にいたのは、谷萩、松村両部長の時代であるが、もともと語学将校（英語）として大臣官房付となり、参謀本部第二部の暗号解読班で仕事をしていたが、馬淵、斎藤（二郎）のあとをついで、昭和十六年二月より昭和十七年七月まで、上海で報道部長をつとめた。このとき秋山は、その語学力と政治力を発揮して、各国情報のジョイントである上海でフルに活躍した。この業績が当時南京の「梅」機関にいた谷萩にみとめられ、谷萩が報道部長になると、ひっぱられて、昭和十七年八月、大本営報道部の高級部員として、市ヶ谷に勤務することになった。

陸軍省報道部員兼大本営報道部員としての秋山の業績は枚挙にいとまがないが、彼は一貫した信念をもって内外の問題を処理し、報道業務にたずさわった期間は長期におよび、生き字引的存在となった。その残した業績の一部を振り返ってみると、まず内閣情報局の用紙統制委員として、情報局、海軍省間の交渉にあたり、ついには樺太にとび、当時不足だった新聞用紙用のパルプの確保に力をつくした。また、総合雑誌、婦人雑誌の統合問題が起こると、彼は、当時陸軍上層部から評判の悪かった「中央公論」と「婦人の友」を残すことを敢然として主張し、部内の風当たりも相当強かったが、その遠大な宣伝業務に対する信念と蘊蓄の前には、異論を持つものだれ一人として太刀討ちできなかった。

さらには、新聞の将来を考え、それまでの各社の勢力圏を基礎として、占領地における販売地域の配分を行なった。読売は朝日、毎日と争ってジャワ、フィリピンに食いこむことを考えたが、ビルマをわり当てられ、ある日、秋山にその不満をブチまけたが、秋山の「ビルマはインドに続くんだよ」の言葉には返す言葉がなかった。さらに秋山は同盟通信社に対し、シンガポールをわり当て、同盟は新聞紙を発行していない通信社であったため、このわり当てにはビックリしたが、秋山の心中には同盟を主体とした地方新聞社合同の青写真ができ上がっていた。こうした仕事ぶりは、みごとなものであったが、立場を変えれば、それらは新聞雑誌の生殺与奪の権を一軍人が握ることであり、官僚統制の恐ろしい一面の証左ともいえるのかもしれない。

秋山はその豪放磊落さと明晰緻密さが、陸軍省記者クラブの人たちにもうけ、深夜の秋山の自宅へは、何の予告もなく多数の記者たちが来襲し、飲むほどに酔うほどに夜を徹した談論風発もしばしばだった。秋山は常にその所論に一線を持し、作戦課の要望の線からは一歩も踏み越さずに、そのくせ勇み足直前の線まで新聞記者に話すので、新聞記者も秋山の前ではザックバランに話をした。

ある夜の談論の中で、ある社の記者が、こんな話をした。

「某大臣夫人がたまたま、緒戦で日本軍に降伏し、捕虜となり、日本の収容所で労務に服するため、作業場におもむく途中のひげはのび放題、作業服はボロボロの一団の外国兵の行進に遭遇し、思わず『おかわいそうに』と洩らした」というのである。

このころ、秋山の脳裡から去らなかった悩みは、次官会議できめられた「国民の戦意昂揚の具体案の作成」を課せられていることであった。内閣情報局の放送課と何回も熟議したが、まだ結論を得ていなかった。

秋山の脳裡にひらめいたものは、この「おかわいそうに」を逆手にとって、戦意昂揚の資にしようとする考えだった。何かの主張を原稿用紙に書いて活字にするのは、その主張がすべての人に受けいれられそうな予想のたつときにかぎる。その主張の賛否がまだ予想し難かったり、他より異論が出るかもしれない場合は、口演にとどめておき、その反響をみるというのが、秋山の多年の経験から体得した鉄則であった。彼は、あるところで、それを喋ってみた。すると、はたせるかな、この「おかわいそうに」は戦意昂揚のメンバーのみでなく、意外な方面からの反駁を浴びて、思ったような効果はあがらなかった。こういう勇み足もあった。ヒューマニズムに対する軍人の鈍感さを示すよい例である。

こうした外面的な活動のほかに、内部的には戦況の実相を広く知ってもらうため『報道』という小冊子（報道部嘱託大熊武夫に執筆させ、講談社の子会社である報道社から発売した）や、一流画家を従軍させ、その絵画による戦意昂揚のための聖戦画集（馬淵時代の陸軍美術協会のものとは別のもの）を『征旗』と題してつくらせたりした。

また、参謀本部作戦課、陸軍省軍務局との間の連絡を密にするため、席のあたたまる暇もない。その合間に、部員に対し親身に指導するなど、実に八面六臂といってよい仕事ぶりだった。秋山は思想穏健、勤務精励型の部員の中から、その人の持つ個性を育てはぐくむことにつとめた。苦しみも、悩みも、部員とともにし、ある時は慈母、ある時は厳父であった。部員鈴木庫三、後藤四郎は特に直接人間秋山を身近に感じた人であろう。

秋山の報道部高級部員としての仕事ぶりをふり返ると、ただの拡声機であったり、原稿用紙の虫ではなく、強い政治的信念にもとづいた断行が大きかった。大本営報道部を去ってからも、秋山は報道の仕事から解放されなかった。南方総軍、フィリピン軍の報道部長として、かつての上海時代の経験をいかし、終戦時の混沌とした状況の中でも、ＡＰ・ＵＰなどの世界の新聞記者を相手に活躍した。

三国直福

昭和十一年八月の陸軍省職員表をみると、新聞班長秦彦三郎大佐についた高級班員として三国の名がある。したがって、彼についてはもう少し前に記述すべきであるかもしれぬが、その任期中、大正十四年五月、第十八師団参謀から新聞班に転入し、昭和十一年末まで、大尉時代から中佐まで、特に昭和十一年の後半、連合通信社と電報通信社を合併して新しく同盟通信社を発足させた。海外よりの諸通信の競合からくる、誤報が起こらないように考えてのことだとされるが、報道統制の意味もあったろう。

この機構改革は三国が手をつけたものであった。後に内閣に情報委員会が設置されるようになったのは、これがきっかけである。この時、前述の清水盛明も新聞班に在籍していた。

その後、三国は昭和十六年六月、陸軍省調査部長になった。この陸軍省調査部というのは、陸軍省軍務局の業務執行を助けるための資料の調査・収集をすることがその仕事で、その前に軍事調査部という機関が陸軍省内に設けられたことがあるが、三国が専任部長となった陸軍省調査部は、この軍事調査部の後身ではない。軍事調査部は二・二六事件後まもなく廃止されている。

上法快男著、芙蓉書房発行の『陸軍省軍務局』は、この間の事情を詳述しているので、ここでその記述を引用させていただき、参考に資したい。

「新聞班に関連している部局として、軍事調査委員長および軍事調査部があるが、この種の機関の任務については記録が見あたらないので、関係者からの聞き書きにとどめることとする。大正十五年十月、陸軍次官畑英太郎が兼任として軍事調査委員長に就任、官制外の機関であったが、新聞班を統轄するとともに、昭和二年に調査班を併設し、調査業務を開始したようであるが、どのような調査かの記録がない。その後昭和八年に軍事調査部と名称を変更して二・二六事件で一旦廃止された。

昭和十三年九月、中村明人軍務局長の兼任で、陸軍省調査部長が新設され、町尻量基（十四年一月）、武藤章（十四年九月）と軍務局長の兼任が続き、昭和十六年六月専任の部長として三国が就任、以下終戦まで桜井鐐三（三国の調査部長のときの高級部員で、昭和十八年三月、三国が師団長として転出したとき後任として調査部長となる）、上田昌雄（昭和二十年七月、松村報道部長の後任として報道部長となり一ヵ月間、陸軍最後の報道部長）、都甲徠、岩畔豪雄が就任しているが、軍務局とは全く別の機関であった。

任務は陸軍関係の学者との連絡事務ならびに諜報関係の業務があったといわれる」軍というものは、一つの戦闘集団であると同時に、一つの官庁機構でもあるので、それぞれの部署のナワバリについては、なかなかやかましかった。

上田昌雄

すでにのべたように、上田は陸軍最後の報道部長であった。在任一ヵ月の期間は、敗戦をむかえ、省部の大混乱期であった。敗戦にともなう報道部の閉鎖に際しては、慎重かつ度胸のある処置を行なう人であった。しかし、たった一ヵ月の任期では、個性の発揮のしようもなかったろう。

中佐部員

新聞班から報道部に至る間、樋口、秋山、三国についてはすでに書いてきたが、このほか、報道部となってから堀田正英、佐々木克己、親泊（名前を失念）が在任した。この人たちは、報道部長の直接補佐役で、特定の分担もなく、まるで無任所大臣のようなもので、参謀本部、陸軍省、海軍軍令部、海軍省、内閣、各報道機関の間の連絡に任じ、時には報道部長の代理として、また報道部長とともに作戦会議、次官会議、国会に出席することもあった。

その他の報道部員（少佐、大尉、中尉）

二・二六事件のあとの粛軍人事のせいか、少なくとも日米開戦当時の報道部員は、報道という仕事の適不適よりも、官僚としての優等生で、上司の指示どおりに、ただ黙々として与えられた仕事に専念するという型の人間たちの集団であった。

しかし、一方では、報道部員が自由に行動することも公認されていた。勤務時間以後はもちろんのこと、勤務時間中でも、その点に関しては、一般将校の行動規範の枠外であった。出勤も、勤務も、外出も、私服の着用が許されていた。陸軍省も参謀本部も、軍隊ではなく、単なる役所であるから、正門に衛兵はいない。ふつうの門衛が出入りの者をチェックする。仕事の都合で、私服で正門を通過するとき、襟につけた金色のバッジで、門衛は敬礼をして送り迎えをしてくれる。

また、報道部員の談話、原稿も、作戦に関する作戦課の定めた報道発表の限界線以内では、自由であった。報道部の高級部員や報道部長が事前に検閲するわけでもないし、関係省部の連帯承認も必要としなかった。ただ、作戦経過の戦況に関して、大本営発表として公開する場合には、作戦機密の性格上、必ず作戦課の連帯印を必要とした。

こんな自由を認められていながら、過去に一人として勤務上の過ちをおかしたり、作戦の機密事項に触れて作戦課よりの抗議をうけたり、憲兵からとがめられたりする者はいなかった。部員の自らをいましめるに厳しく、与えられた任務に対する慎重さの成果といってもよいが、要するに、ここもまたそつのない官僚の集団であったということもできる。

陸軍省、参謀本部の重要会議に出席できるのは報道部長だけで、一般部員は報道部長を通じて、その重要なものについて必要な部分を聞かされるだけで、他の分野については完全に蚊帳の外におかれていて、しかもそれぞれの仕事はあまりにも多く、報道部員相互間のディスカッションの機会さえなかった。仕事の関係から退庁時間も各人まちまちで、帰りに一杯やるチャンスもなかった。こんな環境で、いわば、拡声機的存在としてしか世に認められないままに、その裏では誰に教えられるわけでもなく、同僚の助言を請うわけでもなく、ただ黙々と与えられたテーマの研究を続けた。

他の部課では、その部課内で議論百出の会議を持つこともあろうが、報道部では二人以上で共通の問題を担当するということがないから、その専任事項について意見を求めるには、直接報道部長にあたるよりほかにない。大佐対少佐では勝負にならない。こうして、ひとりよがりの意見がまかり通ることになってしまう。もっとも、私なども、相当ひとりよがりの意見をのべて、報道関係者をおびやかした。言論統制に加担して、功をきそっていたのだから、国を誤った者の一人といわれてもしかたがない

開戦初期のころ、海軍報道部平出大佐課長の「我に艦艇五百隻……」の爆弾宣言が出たとき、陸軍の報道部の中では、誰もそんな「発表」があることをあらかじめ知っていたものはいなかった。「へえ……そうかね」と国民と同じく聞かされる立場で、これに対し、せいぜい、「海軍さん、ずいぶん派手にやるな」くらいのことはめいめい心の底では思っていても、皆が集ってこの宣言について検討するとか、その対策を講ずるなどの動きは全然なかった。

最高首脳部では、その戦争指導、作戦構想について、陸海軍の対立ないし不仲が伝えられていたが、陸海軍報道部相互の間には、そうした反目めいた相互非難はなく、おたがいにむしろ紳士的な交流が続けられていた。しかし、陸海軍報道部相互の定例の会議があるわけでもないし、たがいに酒をくみかわして歓談するという宴も、開戦直後の「勝った勝った」の時代に一度か二度催されたくらいのもので、その席でも、長髪に美しく櫛を入れた海軍さんと、やぼなイガ栗頭の陸軍では、見てくれも問題にならず、隠し芸も海軍の圧倒勝ち、侍べる女性も海軍側に傾いて、陸軍側の完敗。たしか、第一回は海軍側の主催で催されたので、その答礼の意味もあって、第二回目は陸軍側の主催で陸軍色の強い土俵で行なったのだが、これも惨めな敗北であった。

歌ひとつとってみても、「抜刀隊」は「軍艦行進曲」には勝てなかった。敗因は、陸軍報道部員が愚直なほどのやぼてん人間の集まりだったということにつきる。そういうやぼてん教育しかできなかったところに、陸軍の教育の欠陥があり、また、そういう視野のせまい軍人が一国を支配したのだから、国が亡びるのもむりはない。

それにつづく海軍側の圧倒的に景気のよい戦果発表に、陸軍側としては批判するどころか、打つ手もなしというのが実情であった。

しかし、珊瑚海、ミッドウェーの海戦以来、陸軍報道部の海軍報道部に対する気持の持ち方に微妙な変化がでてきたことは争えなかった。もっとも、真相を知らされていないでは手の打ちようもなく、たとえ真相を知ったとしても、「海軍の発表は嘘だ」などと陸軍側で発表したりして、国民を動揺させて何になるとの考えが先に立ち、陸軍報道部側としては、無気力な老人のような事なかれ主義におわるしかなかった。

戦局が悪化するにつれ、「トラック島の空襲」「あ号作戦」におよんで、依然とした海軍側の強気に相当な反発を感じていたが、それを行動に表わすということはなかった。

結論としていえば、いつも海軍報道部に先手をとられっぱなしで、陸軍側は「あれよ、あれよ」の苦汁のまされっぱなしというのが実情であった。世論操作という点では、たしかに海軍のほうがうまかった。

開戦日が十二月八日ということでさえ、知っていたのは、報道部長と中佐部員の一、二名くらいだったろう。私たちが知ったのは、十二月七日の昼ごろだった。日米開戦に関する秘密の保持についてはこれほどまでに徹底していた。

「沈香(じんこう)も焚かず屁もひらず」というわけではないが、さりとてホームランバッターもいない。せいぜい打率のよいバッターが一人か二人、他の部署からは、報道部の無能といった批判を耳にすることが多かったが、これについてはあえて反論する気はなかった。「あれしかしようがなかったのだ」という自嘲のおもむきさえ感じていた。
戦争末期に近く、報道部に後藤四郎少佐が第一戦部隊から転入されてきた。もちろん報道にはズブの素人で、着任そうそう報道部長や秋山高級部員に対して、その任に耐えないからふたたび第一線部隊に出してくれと懇願していた。しかし、秋山の親身の庇護の下で、着任後しばらくは囲碁ばかりうって、他の先輩部員を見習っていたが、そのうちに、秋山の予見のごとく、立派な報道部員として育っていった。そして次のような詩のようなものも（詩であるといいきるには多少のためらいがある）つくる原稿屋になっていった。

軍旗　それは皇軍信仰の核心である。
軍旗　それは皇軍の華である。
軍旗　それは皇軍の魂である。
軍旗　それは皇軍の守護神である。
軍旗　それは神武の大御旗である。

昭和二十年、戦況はいよいよ苛烈となり、米軍の本土上陸の日が目前にせまるにおよんで、後藤少佐の第一線部隊への転出が実現されることになった。しかも本土決戦兵団の新設歩兵第三百二十一連隊の連隊長に補せられていた。七月二十三日、天皇陛下から軍旗の親授を受けて、広島の東方二十数キロの原村というところの駐屯地に中国軍総予備隊として着任していった。後藤が前記の「軍旗」の誇らしきものをつくったことも、ただの偶然とはいえないような気がする。この軍旗に関してはまだ後日談が続く。

後藤は八月六日の深更に「広島に原爆」の緊急電報を受けとった。八月十五日、連隊長室で敗戦の玉音放送を聞いて、棚の上に奉安してある軍旗の前に正座した。涙がとめどなく頬をつたわる。駐屯地が広島郊外であったため、広島地区にいた陸軍部隊で後藤の連隊のみが無傷で残った（広島の陸軍病院に入院中の部下約三十名は全滅）ので、第二総軍司令部に一コ中隊を派遣して警備にあたらせ、他の全力をあげて、原爆のあと片づけに専念した。このころ、後藤の心を痛めたものは、軍旗の処置であった。結論として、最初で最後の軍旗祭を行ない、その式場で、爆薬をしかけた祭壇の上に軍旗を置き、部下に命じてスイッチを押させ、軍旗もろとも爆死しようと決心した。しかし、部下三千五百名をどうしたらよいか。広島でみた地獄図絵、わずか三週間前の軍旗親授、頭の中を走馬灯のように幻想がかけめぐった。

それから数日して、「軍旗返還」の軍命令が伝達された。「この軍旗をどうして手放せよう」。解体される日本陸軍の形見として、この軍旗を秘匿しておこう、という最後の決心がつくまでには、相当な時間を必要とした。

後藤は広島に行って、第二総軍司令官畑元帥と軍管区参謀松村秀逸少将に別れの挨拶をした。軍管区参謀長松村少将は、後藤が報道部に勤務していたころの報道部長であった。後藤の性格をよく知っている松村は、畑元帥からの訓示として、自決をいましめ、自重をもとめた。

八月二十三日、後藤は最初にして最後の軍旗祭を行なうため、部下三千五百名を広場に整列させた。将校だけは「至近距離で軍旗に訣別の礼」をした。全将校の拝礼が終わると、軍旗を旗手石松少尉に持たせて連隊長室に入り、かねての打ち合わせどおり、旗手石松少尉と二人で、菊の御紋章と軍旗をとりはずして、用意の小箱に収め、毛布の間にかくした。そして、旗竿だけを軍旗箱に入れて旗手が捧持して式場にもどり、祭壇の上に安置するとともに、間髪を入れず点火した。すでに燃料をタップリかけてあったので、箱は火勢をあげて燃え上がった。全部隊将兵の抜刀、捧げ銃の中に、アシビキのラッパが原村近隣になりわたった。

夕方、後藤は、軍命令違反を承知の上で、石松少尉に護衛下士官二名をつけ、軍旗の小箱山口県田布施町石城山（いわきやま）の神道天行居の日本（やまと）神社に派遣し、神殿の下に隠匿してもらった。この軍旗は昭和三十八年以降、靖国神社の遺品館に保管され、毎年四月の

第一日曜、旧部下とともに、私服の元歩兵第三百二十一連隊の部隊参拝をしているそうである。

大時代といえば大時代だが、そして、それが太平洋戦争のような近代戦を戦ううえで、プラスになったか、マイナスになったかは別にして、日本陸軍がもちつづけていた気風（あるいはこれを世間ではヤボというのかもしれないが）の一端がここにも現われている。

第二章　日米開戦

日本の最も短かった日

昭和十六年（一九四一年）十二月八日は寒い朝だった。日本全国津々浦々まで、霜の白い、凍てつくような寒い朝を迎えていた。朝の早い家庭、商家のラジオから聞きなれないチャイムが連続して鳴り響き、

「臨時ニュースを申し上げます……臨時ニュースを申し上げます」

いくぶん上ずり気味のアナウンサーの声が何回か続けられて、

「帝国陸海軍は本八日未明、西太平洋において、米英軍と戦闘状態に入れり」と報じた。

「とうとうやったか」「くるものが来た」と受けとめた人、全く寝耳に水の家庭、国

民それぞれの受けとめかたは千差万別であったろう。このビッグニュースでたたき起こされた人の耳にも、同じ言葉が何回も何回もくり返され、家庭でも、職場でも、あちらこちらで、日米開戦に関する話し合いが行なわれた。戦争のなりゆきに楽天的な人、暗い不安を抱いた人、さまざまな思いが日本中を交錯した。

前夜から電灯をつけっぱなしの東京三宅坂の陸軍省、参謀本部の各部課では、海軍省、軍令部との直通電話の前に、参謀たちが集まっていた。この緊張感は、霞ヶ関の海軍省、軍令部でも同じであった。

午前三時三十五分、待っていた軍令部との直通電話が鳴った。

「それ!」

参謀たちは立ち上がった。

「海軍航空部隊のハワイ急襲は成功せり」

興奮は隠しきれなかった。つづいて午前四時、「山下兵団、南タイに奇襲上陸成功せり」の電報が入った。参謀たちの緊張は愁眉を開く思いにかわった。

こうして、午前六時の発表は一段落をつげたわけである。

午前十一時四十分、宣戦の詔書が、午後零時三十分には帝国政府声明が、そしてそれに続いて日米交渉の経緯が、大本営報道部を通じて発表された。日本帝国の命運を賭した太平洋戦争の第一日目は、こうしてあわただしく過ぎていった。

　この「米英軍と戦闘状態に入れり」の発表は、三宅坂の参謀本部の一室から、大本営陸軍報道部長大平秀雄大佐と霞ヶ関の軍令部から馳せ参じた大本営海軍報道部田代格中佐が立ち会って発表された。

「発表があるぞ」という予告があると、陸軍省、海軍省の記者クラブ詰めの新聞記者たちはにわかにザワめきたち、原稿用紙代わりのザラ紙のメモ用紙と鉛筆を持って集まってくる。発表が終わると記者たちは各社のデスクにとびつき、本社に電話をかける。記者クラブはカン高い声で急にざわめきたつ。

　三宅坂の参謀本部、陸軍省は、木造の古びた二階建ての建物ながら、背面はうっそうと茂る常緑樹にかこまれて、昼でもうす暗い感じだった。

　正面入口の左手に、有栖川宮熾仁(たるひと)親王（台湾征討大総督）の乗馬像が正門を出入りする若い参謀たちを睥睨(へいげい)していた。この像の前のゆるやかな坂を登ると、正面は築城本部で、この建物がよく参謀本部、陸軍省と間違えられたが、陸軍省、参謀本部は、この築城本部につながって、裏と右手に延びている建物であった。

　これらの建物は、古びてはいたが（あるいは古びていたからこそ）、霞ヶ関の赤レンガの海軍省とならんで、明治調建築（ということは、イギリス風ということか）の威容を誇っていた。

陸軍士官学校でフランス語の教鞭をとっていたフランスの詩人ノエル・ヌエットは（どうしてこんな有名人が、士官学校ではあまり重要課目でもなかったフランス語の教壇に立っていたのかわからない）、この三宅坂の古い建物と、その前面にひろがる皇居の濠と、土手の風物をこよなく愛し、しばしばその詩材にとりいれている。しかし、昭和十二年十一月、支那事変勃発とともに、ここに大本営が設置され、参謀本部の入口の皇居の濠に面した門柱に、墨色も鮮やかに肉太な文字で大本営陸軍部と書かれた新しい大きな看板が掲げられたとき、この碧い眼のフランス詩人は何を考えただろうか。

では、次に八日十一時四十五分、情報局発表の宣戦の大詔を掲げ（同時に臨時議会招集の詔書も発せられた）当時の世情をしのんでみよう。

宣戦ノ大詔

天佑ヲ保有シ万世一系ノ皇祚（こうそ）ヲ践（ふ）メル大日本帝国天皇ハ昭（あきらか）ニ忠誠勇武ナル汝有衆ニ示ス

朕茲（ちんここ）ニ米国及英国ニ対シテ戦ヲ宣ス朕カ陸海将兵ハ全力ヲ奮テ交戦ニ従事シ朕カ百僚

有司ハ励精職務ヲ奉行シ朕カ衆庶ハ各々其ノ本分ヲ尽シ億兆一心国家ノ総力ヲ挙ゲテ征戦ノ目的ヲ達成スルニ違算ナカラムコトヲ期セヨ

抑々東亜ノ安定確保シ以テ世界ノ平和ニ寄与スルハ丕顕ナル皇祖考丕承ナル皇考ノ作述セル遠猷ニシテ朕カ拳々措カザル所而シテ列国トノ交誼ヲ篤クシ万邦共栄ノ楽ヲ偕ニスルハ之亦帝国カ常ニ国交ノ要義ト為ス所ナリ今ヤ不幸ニシテ米英両国ト釁端ヲ開クニ至ル洵ニ已ムヲ得ザルモノアリ豈ニ朕カ志ナラムヤ中華民国政府曩ニ帝国ノ真意ヲ解セズ濫ニ事ヲ構エテ東亜ノ平和ヲ攪乱シ遂ニ帝国ヲシテ干戈ヲ執ルニ至ラシメ茲ニ四年有余ヲ経タリ幸ニ国民政府更新スルアリ帝国ハ之ト善隣ノ誼ヲ結ヒ相提携スルニ至レルモ重慶ニ残存スル政権ハ米英ノ庇蔭ヲ恃ミテ兄弟尚未ダ牆ニ相鬩クヲ悛メス米英両国ハ残存政権ヲ支援シテ東亜ノ禍乱ヲ助長シ平和ノ美名ニ匿レテ東洋制覇ノ非望ヲ逞ウセムトス剰エ与国ヲ誘イ帝国ノ周辺ニ於テ武備ヲ増強シテ我ニ挑戦シ更ニ帝国ノ平和的通商ニ有ラユル妨害ヲ与エ遂ニ経済断交ヲ敢テシ帝国ノ生存ニ重大ナル脅威ヲ加ウ朕ハ政府ヲシテ事態ヲ平和ノ裡ニ回復セシメムトシ隠忍久シキニ弥リタルモ彼ハ毫モ交譲ノ精神ナク徒ニ時局ノ解決ヲ遷延セシメテ此ノ間却テ益益経済上軍事上ノ脅威ヲ増大シ以テ我ヲ屈従セシメムトス斯ノ如クニシテ推移セムカ東亜安定ニ関スル帝国積年ノ努力ハ悉ク水泡ニ帰シ帝国ノ存立亦正ニ危殆ニ瀕セリ事既ニ此ニ至ル

帝国ハ今ヤ自存自衛ノ為蹶然起テ一切ノ障礙ヲ破砕スルノ外ナキナリ皇祖皇宗ノ神霊上ニ在リ朕ハ汝有衆ノ忠誠に信倚シ皇宗ノ遺業ヲ恢弘シ速ニ禍根ヲ芟除シテ東亜永遠ノ平和ヲ確立シ以テ帝国ノ光栄ヲ保全セムコトヲ期ス

裕仁

各国務大臣副署

昭和十六年十二月八日

戦争指導のしくみ

これと決まった仕事のない報道部はそれでも昭和十六年十二月に入ると、さすがに雑用の多い日々が続いた。重要な国策決定の会議に参加するわけでもない。また陸軍省、大本営の戦争指導に関する作戦会議に列席するわけでもない。外国または第一線よりのホットニュースを直接キャッチするポストでもなく、ただ報道に関係のあるこれらの会議に報道部長が参加し、その席上でこれは国民一般に発表すると決定したものについて、その関連外電、第一線部隊よりの電報などを総合整理して、発表用原稿をつくる。これを報道部長が記者クラブで読みあげる。ただこれだけの仕事にしかすぎないが、たとえ末端とはいえ、国としての重要なホットラインの近くで仕事をしているので、ある程度の機密情報もうすうす承知することになる。

開戦直前の雑用の殺到もあるが、こうして知り得た情報の外部漏洩を警戒して、報道部員たちは十一月末から泊まりこみの罐詰になった。

十一月末といえば、もう冬である。全員のための宿直室があるわけではないので、夜になると自らのデスクの上を片づけて、差し入れの夜具をかぶってそのままそこへ寝る。当時の寝具はオール・スフ（粗悪な人造繊維）であって、寝返りをうつたびに掛布団がズリ落ちた。気がついてみると、何も掛けていなくて、しんしんと迫る夜冷えが眠りをさまし、まんじりともしない数夜の連続だった。

十二月八日午前六時、第一回目の開戦の発表が終わったあと、私たちは三宅坂付近の旅館に案内され、久しぶりにフウフウふきながらすすった味噌汁の味と、皇居の土手が霜で真っ白だったことが今も忘れられない。

ところで、報道部から発表される情報の源泉である日本の戦争指導そのものが、どういう風に行なわれていたかについて、ふれずにおくわけにはゆかない。当時は政治の最高輔弼である内閣総理大臣、それから統帥の最高輔翼者たる陸軍参謀総長と海軍軍令部総長の三者が鼎立して戦争指導が行なわれていた。

天皇は、旧憲法によれば、統治・統帥、開戦・講和など多くの大権の保有者だったが、事実上はその権力を行使しない存在だった、という風に東京裁判などでは説明されている。しかし、だからといって、天皇の意志とは関係なしにものごとが決められ、天皇の意志にそむいたものであっても、天皇がしぶしぶながらそれを追認しなければならない、というようなものではなかった。それほどの力が軍にあったわけではないし、二・二六事件の処理その他、軍の意見が通らなかった例はたくさんある。

天皇が軍のロボットにすぎなかった、と強調するのは戦後の政治的な弁明としては理解できるが、必ずしもそれは事実ではない。これは、当時の軍の当事者たちの名誉のためにいっておきたい。

そのため、総理大臣といえども、内閣においてすら自分の意志に基づいて決定的な統裁ができず、特に統帥（軍事関係）に対してはほとんど口ばしを入れることが許されなかった。いいかえれば、日本の旧憲法の下においては、戦争指導は真の責任者のいない、寄り合い世帯によるものにすぎなかった。米国におけるルーズベルト、英国におけるチャーチル、ソ連のスターリン、ドイツのヒトラー、イタリアのムッソリーニ、中国の蔣介石、どの国をとってみても、日本のような、やりにくい戦争指導態勢を持っている国はなかった。そして、真の最高指導者がいなかったことに加えて、統帥権の独立（軍は天皇の命令によってしか動かすことができない）と陸海軍の間に存在した対立関係とが、さらに戦争指導を困難にしたばかりでなく、その谷間を吹きおろす冷たい風が、真正面から報道部に吹きつけられてくることもしばしばであった。

それならば、大本営とはいったい何なのであったろうか。日清、日露の戦争のときに大本営が広島に設置されたことはあるが、そのころとは国家組織の複雑度が異なっていた。そのころには、太平洋戦争時代に悲劇の原因となったような、複雑にからみあった社会的な利害関係は、どこにも存在していなかった。何よりも、当時は宮中に対してさえ絶対の発言力をもっていた維新の元老たちが存在していた。つまり、大本営とは、戦時における純粋な統帥輔翼の最高機関ではあったが、近代戦に必要な政戦略の運用を効果的に行なう戦争指導機関ではなかった。

昭和十二年（日中戦争開始）十一月に大本営が設置されたとき、参謀本部に大本営陸軍部、軍令部には大本営海軍部という新しい表札が旧表札とならんで掲げられ、それは敗戦まで続いたが、中身は何も変わりなく、陸海軍統帥部の協調や国務と統帥の協調については、旧態依然たるものがあった。何のための大本営設置だったのだろうか。このへんにも、官僚主義、形式主義の欠陥があらわれていたように思う。その点、アメリカの統合参謀本部などとはくらべものにならない非能率な組織であった。

昭和十六年十二月十四日、敵の空襲（この時点ですでに敵の空襲という場合を考えていたということは、いつも後手後手ばかりくりかえしてきた日本の首脳陣としては珍しい卓見といってもよい）を顧慮して、かねて準備していた大本営陸軍部と陸軍省の三宅坂から市ヶ谷台への移転が行なわれた。

ここは座間に移転した陸軍士官学校がそれまで使っていたところで、市ヶ谷の高台にそびえる白亜三階建ての建物であった。本屋は陸軍省と参謀本部がその半分ずつを使い、付属する建物を利用して教育総監部、航空本部も台上に集まり、名実ともに陸軍の中枢となった。この時、ここが何年か後の敗戦で、極東軍事裁判（戦犯裁判）の法廷になろうとは誰が予想しえただろうか。

報道部は建物の南東角の一番良いところに大部屋一、小部屋二、別棟の少し離れたところに一部屋を割り当てられた。移転の日の数日前から電話線の配線が始まったが、数千台におよぶ電話機に接続する電話線網であるから、一日や二日では完了しない。昭和十六年末になってもまだ完全な姿にはならなかった。床に放置された未接続の電話線を踏んで仕事を続けた。

報道部に関連を持った大本営（参謀本部）と陸軍省の関係局（部）（課）の編制は別表のようなものである。

▽参謀本部
参謀総長
参謀次長
　第二十班（戦争指導・総動員業務担当の独立班。後に次長直属の第十五課に改組）
総務部（人事・庶務・外地軍隊教育）
　第十四課（占領地行政）
第一部（作戦用兵・編成動員）
　第二課（作戦）――航空班
　第三課（編成動員）
第二部（情報・宣伝謀略・渉外）
　第五課（対ロシア）
　第六課（対米英仏独）
　第七課（対支那）
　第八課（宣伝・謀略）
外局――大本営報道部

第三部（船舶・鉄道・通信・後方補給）
　船舶課
第四部

▽陸軍省
陸軍大臣
陸軍次官
大臣官房（秘書官・高級副官）
軍務局
　軍務課（参謀本部第一部に該当）
　軍事課――編成班
　戦備課
　外局――報道部（大本営第二部にも所属）
　　　　南方政務部
兵務局
人事局

整備局（敗戦前、軍務局に吸収）
兵器局

ところが、この体制でやってゆくうちに、いろいろ都合のわるいことがおこってきて、そこはお役所のことだから組織いじりをする。昭和十八年十月十日には、大本営陸軍部の機構改革が行なわれた。すなわち、戦争指導に関する事務の処理は第一部から次長直属に変わり、第二十班という旧名を使うことにしたのである。

その他、第一部を作戦課と編成動員課のみとし、第二部の第八課を第四班に縮小し、第三部の鉄道、船舶を一課に統合、総務部を廃して総務課とする等、大本営創立以来の大改編を行ない、その機構を簡素化した。第二十班を参謀次長直属としたのは、戦争指導というよう重要事は大局的に処理しようという考えからしかった。

軍以外でも、政府（東条内閣）は十月上旬、企画院を廃して軍需省が新設されたけれども、陸海軍は依然としてそれぞれに航空本部を擁してことごとに対立し、陸海軍間の航空機の取りあいを正すための航空兵器行政の合一は求められず、かえって事態を複雑化した感を残した。

昭和二十年三月、陸軍省軍務局長真田穣一郎少将の辞意が導火線となったかたちで

（陸海軍相剋問題について、上司補佐の足りなかったことを詫びて、新進に席を譲るというのが辞意）整備局は軍務局に吸収合体した。また、昭和二十年四月にも、省部合体の措置が発令された。まさに、朝令暮改のあわただしさである。第二十班、参謀本部第八課、軍務課、交通課は統合して陸軍省軍務局軍務課、参謀本部第四部第十二課の合体に発展解消した。すなわち戦争指導に関する事務処理は、軍務局軍事課、第四部第十二課の性格で大臣、総長を補佐することとなったのである。

軍艦マーチ

陸海軍の軍政・軍令に関しては、相互に協議を必要とする事項以外は、陸軍は陸軍、海軍は海軍でやり、相手の束縛をいっさい受けず、むしろ他の容喙（ようかい）を許さずという風であった。

極端にいえば、相互に秘密主義を堅持し、その結果、たがいに相手の事情はさっぱりわからないというのが実情だった。どうしても陸海軍両者が協議を要するような問題になると、これを裁く最高機関がないのだから、ことがむずかしくなれば、結局、足して二で割るか、どちらかが折れるかしか解決の方法がなく、艦船や飛行機のような重要軍需品から、占領地の行政区分のような重要国策にいたるまで、このような児戯にも等しい解決方法しかもたなかったことは、悲しいかぎりであった。いわばそれぞれが、内部に敵を抱えながら、外敵と戦っているようなものであった。

この悲しい現実は、総理大臣といえども何ともできなかったし、陸海軍がそれぞれ何を考え、その最前線がどこであるのか、行政府は新聞情報以外に知るすべもなかった。本来、統帥と行政の協調役を演ずるのが陸海軍大臣だったけれども、統帥部が考えていることに関しては、統帥権の独立という見地から、総理大臣といえども一言もふれることができず、あれよあれよと見送るよりほかなかった。昭和十二年十一月、大本営の設置と同時に、大本営政府連絡会議を設け、重要な議題はここで審議することになったが、これは憲法上にない戦時特別措置で、会議の開催にすら各大臣の連判が必要というように、その運営は決してスムーズではなかった。

昭和十九年八月五日（七月二十五日にグアム島に米軍上陸）、従来の大本営政府連絡会議を最高戦争指導会議とし、戦争指導の根本方針の策定および政戦略の調整にあたること、構成員は参謀総長、軍令部総長、内閣総理大臣、外務大臣、陸海軍大臣とし、必要に応じ、その他の国務大臣、参謀次長も列席できることとし、会議は宮中で開くこととした。

このような、複雑怪奇ともいえる最高首脳部の度重なる機構改革も、その機構の端末に近い報道部には、これという変更もなく「知らせぬ当局、知らぬ国民」の鉄柵の中で、ただ「国民の戦意昂揚」というプラカードを振りまわしていた。しいて変更といえば、これまで「大本営陸軍部発表」「大本営海軍部発表」と称して陸海軍が別々に行なっていた発表を、「大本営発表」と名称を統一することになったくらいのものである。しかし、これとても、形式だけのことで、内容に変化はなかった。これは、新聞社はもちろん、国民一人一人にもわかることで、海戦について陸軍報道部が発表し、陸戦について海軍報道部が発表するなどということは考えられないことだった。

問題は、もっと本質的なところ、つまり「陸海軍の対立」「陸海軍の功名争い」にあった。まだ陸海軍報道部の先陣争いが、その片鱗さえ見せなかったころ、もちろん真珠湾攻撃以前のある日、海軍側は「太平洋において我が艦艇五百、海軍機千五百は随時作戦可能」という爆弾宣言を突然発表し、世界の注目をひいた。これも海軍報道部平出大佐課長の抜きうち的早わざで、陸軍報道部はただ唖然とするばかりだった。

海軍の将校は、白の制服に金色の参謀肩章、頭は長髪に櫛を入れ、特に平出大佐は縁無し眼鏡がよく似合った。これに対し、陸軍将校は、茶褐色の軍服、イガ栗頭、これでは黄色の参謀肩章も映えない。（金モールでなく黄色の編糸、濃緑の編糸のものさえ代用品として使われた）。同じ日本の軍人でどうしてこうもスマートさと野暮臭さが対照的なのだろう。

それはともかく、戦地へ派遣する報道班員の人選にもいろいろと影響するところがあった。私たちのように報道部で仕事をしている者は「報道部員」であり、戦地へ派遣され現地での取材をする作家、新聞記者、または現地部隊慰問の芸能人などは「報道班員」と呼ばれた。この報道班員の人選にしても、何となく海軍側に先を越されていた。

先述したように、大本営報道部と陸軍省報道部は同じもので、報道部員は大本営報道部員と陸軍省報道部員の二つの肩書を持っていた。報道部長は、報道部が最も脚光を浴びた戦時中、大平大佐、谷萩大佐、松村大佐と引き継がれた。部長の下に十二名の部員が、それぞれの分担に従って仕事にあたった。すなわち、

堀田吉明中佐、秋山邦雄中佐、富永亀太郎少佐、広石権三少佐—新聞

佐々木克己中佐、北村一夫中尉—部長補佐と情報

竹田少佐、山口達春少佐、丹羽少佐—一般軍隊の下士官兵向き旬刊新聞「つわもの」編集

沢畑養一郎少佐、中島鈜三少佐、平櫛孝少佐—月刊誌・週刊誌・単行本

秋山邦雄中佐、平櫛孝少佐—内閣情報局員・用紙統制委員

武田謙二中尉—音楽、絵画
黒田千吉郎中尉—演劇・映画
杉本和郎少佐—庶務

この他に評論家、新聞記者、雑誌記者、外国語教師（大熊、平井、神原、加藤の各氏）の旧歴を持つグループがあって、報道部員のブレーン的役割を受け持っていた。

新聞発表はその原文がラジオで放送された。この放送のはじめに大本営海軍部ものは『軍艦マーチ』が流され、大本営陸軍部のものは「われは官軍わが敵は……」という『抜刀隊』のメロディを流した。これはその内容に関係ないが、陸軍の『抜刀隊』は海軍の古今の名曲『軍艦マーチ』にかなわなかった。また毎週水曜に軍事発表（午後八時から十五分）としてＪＯＡＫ（日本放送協会のコールサイン）からラジオ放送があり、各部員がまわりもちで担当する慣わしであったが、これも冒頭に出てくる海軍側の『軍艦マーチ』に圧倒されて、陸軍側部員は輪番担当を何かの理由をつけては辞退したがった。

『軍艦マーチ』のハンディキャップは、めいめいの話の内容と話術でカバーすればいいではないかと、私たちは海軍に対抗する策を練ったものだ。ＪＯＡＫは中波による国内放送のほかに、あの「トーキョー・ローズ」で有名になった短波による海外向け放送があった。ある日、私はこの短波放送で対米謀略放送を行なった。その内容は正確に憶えてはいないが、おおよそ次のようなものだった。

「戦争の推移とともに、アメリカ軍の爆撃機の一機や二機が、日本軍の防空監視網をくぐりぬけて日本の軍事基地や東京を爆撃することはありうる。しかし、これらの敵機はたちまち網の目のように日本各地に張りめぐらされた高射砲火の餌食となり、その搭乗員は異境の空に散ることだろう。幸い落下傘で脱出に成功しても、敵愾心にあふれる日本国民は、この飛行士たちをただではおかないだろう。荒縄でしばりあげ、民衆の前をひきずりまわし、石を投げつけ、タンツバをはきかけ、竹槍でこづき、あげくのはてに敵兵は日本軍憲兵隊につき出され、その後のことは日本人でさえ想像できない」

この放送はたいへんな悪反響を呼んだ。放送は午後五時からであったから、ニューヨークでは午後七時、シカゴが午後六時、ロサンゼルスが午後四時、ハワイが午後二時、に受信していることになっている。私の姓が日本人には珍しいので、アメリカでは「シラクチ」になったり、シログッシになり、階級も少将ということになった。その日のうちに、捕虜の生命を保証しない「日本の残虐性」をののしり、「日本は非文化国」と怒り、日本と日本人に対する非難反応の放送を、真夜中まで日本大本営は受信させられた。

日本軍が国際法の侵犯に不感症になり、捕虜の生命を保証しないことは、事実だった。それを自ら外国に公表するなどということは、国際社会に恥をさらすようなものだったが、それを恥と気づかぬくらい、私たちの不感症、思いあがりは甚だしかった。敗戦時に、BC級戦犯（捕虜虐待）などという罪名の裁判が行なわれたのも、こうした思いあがりと知性の欠如のまねいた、身から出たサビというべきものであったろう。

こうした国際的な悪反応に頭をかかえるようならば、まだ救われるが、当時の思いあがった私たちは、これで外国がふるえ上がったと思いこんで、むしろ快哉を叫んでいた。そればかりか、これがのちのデマ放送、誇大宣伝を正当化する糸口になっていった。

つまり、この放送内容に多少の誇張はあっても、嘘はない。たしかに、宣伝・報道は国内向けと国外向けとを問わず、まっかな嘘では通用しない。しかし、多少の刺激的ないいまわしは許されてもよいのではないかという、甘えと退廃が生まれた。誇張のための誇張でなければいいのではないか。事実にもとづいた多少の増幅なら、国内放送にも用いてよいのではないか、という甚だ身勝手な屁理屈を考えだした。それが、結局は報道や宣伝に対する国民の信頼を失わせ、やがて自分たちの首をしめることになるのに気づかなかった。戦争の後半になると、「大本営発表」というのは「当てにならないもの」の代名詞として自国の国民からまで信用を失ってしまった。私たちに踊らされるほど、日本国民はバカではなかった。

そんなことがあったあと、余暇を割いて部員たちの寄席通いがはじまった。話術の勉強、歌謡曲の歌詞の分析等、いかにして『軍艦マーチ』に圧倒されずにすむか、話術の研究をしたものだ。もっとも、その後戦況がわるくなるにつれ、大本営発表は空疎な誇張というよりも、敗戦かくしの嘘の上塗りをくりかえすことになり、これはかえって戦争の将来に対する国民の自信を失わさせた。

ところで、報道部員には、もう一つの仕事があった。東京をはじめ各地で行なわれる各種の行事に出席して、「国民の戦意昂揚のため」と称する講演をすることである。東京の規模の大きい会合、または地方でも大都市での会合には、報道部長自ら出向いてゆく。それ以外は報道部員が輪番で受け持つ。しかし、これもまたラジオ放送と同じく、誰でもよいというわけのものでなく、聴衆を前にしての講演は不得意だという者もあり、軍需工場めぐりからはじまった私たちにも、だんだん重要講演がまわってくるようになった。

私の本来の仕事は雑誌関係だったので、私の書いた雑誌の原稿（ひどい文章だった）を読んで、私を指名してくることもあるようになり、それはそれで有難いことには違いなかったが、軍に対するお追従にすぎないものかもしれず、指名のお座敷のかかった芸者のような複雑な心境がないでもなかった。

私が招かれて行ったところでまずびっくりしたのは、霞ヶ関の霞山会館であった。多数とはいえないせいぜい十数人の集まりだったが、その第一列正面には近衛元首相がいるではないか。壇上から見下ろす顔は、名前こそ思いだせないが、どの顔もかつて新聞の顔写真で知っている顔ばかり。これにはさすがの私もどぎもを抜かれた。私は、冒頭に、

「私は報道部員の末席を汚しているものでして、私が今日お話し申し上げるようなことは、皆さまお歴々には決して耳新しいものではないことをお断わりしておきます」

と前おきして講演を始めようとした。すると、第一列中央の近衛公が突然立ち上がって、

「はなはだ失礼ですが、お願いがあります。私は前総理大臣ですが、軍の戦況については何も知りません。知らされておりません。今日お集まりの皆さんもご同様です。どうか一般の国民向けの講演と同じにお願いします」

との申し出があった。

そんなこともあろうかとうすうす想像がつかないではなかったが、この日の二度にわたる衝撃は大きかった。おそらくその日の私の話は支離滅裂だったに違いない。一国の中枢にいる人物たちが、何も知らされていない、とはどういうことか。軍の秘密主義、思いあがりの最たるものであろう。これでは国をあげての総力戦などできるはずはない。

後楽園球場で講演をさせられたこともあった。何かの集いのそえものであったが、バックスクリーン付近に演台が設けられ、その前には陸軍軍楽隊が陣どり、次々と軍歌を演奏していた。聴衆はフィールドの椅子席、一塁側、本塁側、三塁側スタンドをいっぱいに埋めていた。近年、歌謡グループのお別れ公演のとき、聴衆が後楽園を埋めつくしたという話を聞いたが、昔軍隊、今歌謡曲とは感無量のものがある。もっとも、私の話などは、軍に対するかくれみので、聴衆はあくびをしながら座っていたのではないか。

そのころは、後楽園も帝都防空のための高射砲陣地になっていたから、演壇に立つと、スタンドの最も高いところに迷彩をほどこされた高射砲や照空灯が偽装網にかくされて、球場をとり囲んでいた。いかにも戦時中らしかった。

今はとり壊されて新しい建物になってしまっているが、松竹系の東京劇場で、映画のアトラクションこみで講演会をやったこともあった。前座の映画（何であったか忘れてしまった）が終わって電灯がつけられ、劇場を埋めた観客のざわめきが一段落したころ、そのしじまを破ってラッパの音、続いて『抜刀隊』の演奏。楽屋で講演までの間を大谷松竹社長と話をしながら待っていた私は、大谷社長にうながされて、演壇に案内された。楽屋から演壇までは大谷社長を先頭に、私のあとに続くのは、佐野周二、田中絹代、高峰三枝子、上原謙……俳優諸氏諸嬢は手に手に日の丸の旗をうち振りながら、観客に愛嬌をふりまく……実に手なれた演出だが、私はただただ面くらうばかりだった。演壇に立って一杯の水をのむまでは、声も出なかった。

神田共立講堂の会は、『婦人朝日』の主催だったせいか、聴衆は大多数が女性だった。私の前の講演者は作家の窪田（後の佐多）稲子女史だった。この会場には黄土色の僧衣をまとったビルマの僧侶群のあったことが忘れられない。夕方からはじまった会であったから、ライトを浴びせかけられたのには弱った。イガ栗頭で、その頃から少し総退却型に禿げかかっていた私には、ただただまぶしくて、背中に冷汗が滲み出ていた。

雰囲気にのまれたせいか、私はこの講演で二つの大失敗をした。その一つは防諜の話になったとき、ご婦人は共通しておしゃべりであるし、政治意識に関しては男子より一本毛が足りないから……とやってしまった。

主催者側からも、報道部宛にも、私個人宛にも、抗議の声が殺到した。毛が一本足りないとは「猿よりましだけれど」ということではないか、「女性侮辱」も甚だしい。これには、私は一言もなかった。研究した話術のあやのつもりだったが、話というものはむずかしい。

もう一つの失敗は、戦場で兵士が息をひきとるときに、よく「天皇陛下万歳」と叫んで死んでゆくというけれども、たとえ「天皇陛下万歳」と叫ばない人でも必ず「お母さん」と一声母に別れを告げる。また戦場で兵士が愛唱するのは、軍歌でも国民歌謡でもない。「誰か故郷を思わざる」とか、「夕やけこやけの赤とんぼ」とか「兎追いしかの山、小鮒釣りしかの川」だとか、その歌には必ず母の姿がオーバラップしていたに違いない。

母の力は偉大なものである、というような話をしたのだが、これには別の方面からクレームがついた。このおとがめは、天皇陛下より母親を優先してとりあげたとか、今だったら、それのどこがわるいのかわからぬ人が多いだろうが、母を思う心は兵の志気阻喪につながるとか、くだらぬあげ足とりとかのようなものだったが、それはそれなりに、報道部長から注意をうけた。

それでこりごりして、私もしばらくは講演などは辞退しようかとも考えた。

そのうち、大阪の朝日新聞社から中之島の朝日講堂での講演の依頼があった。いよいよ正念場である。『軍艦マーチ』のハンディから脱出するために研究したすべての蘊蓄（うんちく）を、大阪の皆さんの前でブチまけて、体当たりで行こうと心に決めると、気持が落ちついた。しかし、もしこの講演でも失敗したら、もうこんりんざい講演は辞退しようと思っていた。

さきに「宣伝は嘘であってはならない。しかし事実を多少増幅することは許されるのではないか」と私は書いたが、これはやはり危険な思想だった、というべきだろう。宣伝というものは、同じことをくりかえしているうちに、飽きがきて、もっと刺激の強いものがほしくなる。そうして少しずつ刺激の量をふやしてゆくと、いつのまにか実態からほど遠いものになってしまう。デマになってしまう。いつのまにか、私は宣伝の魔力に中毒していってしまったのではないかと思う。気負えば気負うほどそういうことになってしまう。

当日の朝日会館は満員だった。私は壇上に立った。そしていきなり自分でも予想もしていなかったことを喋りはじめていた。

「皆さん、アメリカ合衆国の地図をご覧下さい。ハワイ大空襲をやってのけた我が連合艦隊が、単独もしくは盟邦ドイツ海軍の擁護のもとに、メキシコ湾に続く西インド諸島のどこかの島かげに秘かに進攻し、ここの島から艦載機の大群を発進させれば、シカゴは指呼の間である。シカゴはアメリカの工業都市で、鉄道交通網の要衝である。ここにひとたび爆撃を加えれば、アメリカ当局はふるえあがることでしょう……」

われながら、ずいぶん調子のいいことを喋ったものである。今考えると冷汗が出る。どうまかりまちがっても、実現不可能なことを喋っているのである。これはもう、宣伝というよりは煽動である。しかるに、驚いたことに、そこで万雷の拍手がわきあがった。私は調子にのって、さらに話をつづけた。

「皆さん、私は今夜、大阪の皆さんのために、まだ誰にもさしあげたことのないお土産をもってきました。どうぞ受けとってください」と前置きして、その頃計画されていたかどうかすら知らなかったが、戦争末期には実現した風船爆弾を偏西風にのせてアメリカ本土に向け放球とするという作戦を、ただ私の空想から生まれたアイデアの範囲で説明し、「日本には必ず神風が吹きます」と結んで壇を降りた。ふたたび万雷の拍手がおこった。ひどいものである。これが事実にもとづいたものなら、私は軍機漏洩罪になる。まったく荒唐無稽なことだからこそ、安心して喋っているのに、それは独自の魔力をもって聴衆を踊らせてしまう。何と恐ろしいことだろう。

その日は神戸にある従兄弟の家に泊めてもらってぐっすり眠った。翌朝、従兄弟の家は朝から何となく騒々しかった。朝寝をしている私がもどかしいように、従兄弟が朝日新聞を持って入ってきた。新聞は二面ぶちぬきで、昨夜の私の講演を報じているではないか。昨夜はよほどニュースが少なかったのだろうか。これでは、大本営「報道部」ではなくて大本営「宣伝部」ではないか。当事者である私には、してやったりという気持と、苦いあと味とが残った。今思い出しても、自分の軽薄さがいやになる。一方、そういう軽薄さがまかり通った時代というものの恐ろしさを感ずる。

大本営発表

参謀本部、軍令部で入手する第一線部隊からの情報は、毎日の定例部長会議（報道部長も列席）で再検討され、次の作戦指導の参考にされた。この情報の取り扱いをめぐって、陸軍部内では海軍対策、国民対策が論議された。一般国民に対してある事実を一時伏せておくということは、あるいは防諜上やむをえなかったのかもしれないが、戦争指導について共同して輔弼の任にあたるべき陸軍と海軍相互の間に、こんなことがあってもよいものなのだろうか。

佐藤陸軍軍務局長は、その著『大東亜戦争回顧録』の中で「陸軍では海軍の力がミッドウェー以来急速に衰弱しつつあるのに反し、敵の増勢が激しいということは、概念的にはわかっていたが、実際のことは見当がつかなかった。しかし、敵を洋上で撃滅してくれるだろうという海軍への信頼感に、いささかも変ることはなかった。……マリアナ沖海戦（米国側ではフィリピン海戦と呼んでいる）で日本の連合艦隊が実質的に全滅したことを、参謀本部すら知らなかった。陸軍省の大臣以下、私なども、全く知らなかった」と述べている。

そもそも日本が米国を仮想敵国と見なすに至ったのは、一九〇七年だった。その仮想の順位は、第一米国、第二ロシア、第三支那と決定されていた。それ以来、㈠南西方面の要域攻略戦（陸海軍協同）、㈡中部太平洋方面の艦隊をもってする迎撃決戦（海軍作戦）が、今次戦争までの一貫した作戦構想だった。東条内閣成立前後から、東条陸軍大将でさえ「太平洋の戦争は海軍が主力だから」と語っていたのも、そのみなもとは一九〇七年の作戦構想にもとづいたものである。

真珠湾攻撃の成功以来、しばらくの間、海軍の鼻息は荒かった。しかし、昭和十七年六月、ミッドウェーの敗戦以来、海軍の発言力はだんだん低下し、かたや陸軍の「いよいよ俺たち出番だぞ。俺たちがやってみせてやるぞ」という気風の台頭はいなめなかった。これでは、戦後、敵将から、精神年齢十二歳といわれてもしかたがない。

そもそも、太平洋のまんなかで、海軍がだめなら陸軍がやるぞというのは、中国大陸のまんなかで陸軍がだめだから海軍が出るぞというのと同じ論法である。陸軍も海軍も当面の戦況に押し流されて大局を見失い、いつの間にか、大きな錯乱の渦の中に巻きこまれ、はては全くの盲目になってしまうのである。

昭和十六年十二月八日開戦当日の、東京における夕刊数紙（当時十社とも十二月八日発行の夕刊の日付は十二月九日となっている）の見出しだけをみても、当日の「勝った勝った」の歓喜に酔う精神的未成熟児、日本人の姿が目に見えるようだ。

朝日新聞　帝国米英に宣戦を布告す　西太平洋に戦闘開始　布哇（ハワイ）米艦隊航空兵力を痛爆

〔大本営海軍部発表＝八日午後一時〕

一、帝国海軍は本八日未明ハワイ方面の米国艦隊竝に航空兵力に対し決死的大空襲を敢行せり

二、帝国海軍は本八日未明上海に於て英砲艦「ペトレル」を撃沈せり、米砲艦「ウェイキ」は同時刻我に降伏せり

三、帝国海軍は本八日未明新嘉坡（シンガポール）を爆撃し大なる戦果を収めたり

四、帝国海軍は本八日早朝「ダバオ」「ウェーク」「グアム」の敵軍事施設を爆撃せり

〔大本營陸海軍部発表八日午前十一時五十分〕

わが軍は陸海緊密なる協同の下に本八日早朝マレー半島方面の奇襲上陸作戦を敢行し着々戦果を拡張中なり

〔大本営陸軍部発表＝午前十時四十分〕

（○○基地八日発同盟）わが空軍は八日午前八時香港（ホンコン）に対し第一次爆撃を敢行し、全機無事帰還した。目下第二次爆撃敢行中

その他、ワシントン、ニューヨーク、ホノルル、ブエノスアイレスからの外電および同盟電の特電や至急報は、

我海鷲ハワイ爆撃。米国ホワイトハウス発表によれば、日本軍のオアフ島空襲による被害は甚大。ホノルル沖で海戦展開。米艦隊出動。米輸送船に魚雷。比島、グアム島を空襲。グアム島大火災。シンガポールも攻撃し、米巡洋艦二隻撃沈。

と緒戦の各地の勝利を伝えている。

またバンコクの駐泰（タイ）帝国大使館は午前四時「かねてよりイギリス軍が十二月八日南

タイ侵入計画の確証を摑みおりたるところ、午前八時早暁マレー国境を突破し侵入を開始せり、日本は南太平洋の平和維持とタイ国の独立維持につきタイ国政府と交渉を開始すると共に、タイ国の独立を救うため直ちにこれを反撃、英軍をタイ国外に掃蕩しつつあり」と発表した。

東京日々新聞　だいたい朝日新聞と同じだが、特殊なものを拾ってみると、米国ハワイ真珠湾のピックマン飛行場を爆破、軍港内の戦艦オクラホマ火災。天津の米軍接収、英租界封鎖、上海共同租界進駐。
中外商業新報　米陸海軍にルーズベルトは行動開始を命令。
読売新聞　蘭印政庁は八日在留邦人の逮捕を発令。
国民新聞　奮起せよ、皇国は挑戦せられたり。
都新聞（現東京新聞）　パナマ、邦人を逮捕。米当局邦人を看視。盤谷（バンコク）の在留邦人避難。

その他、紙面は、「政府声明」、東条首相談、外務省（東郷外相）発表の『我が対米交渉経過』、賀屋蔵相の「非常時金融策として、預金引出制限せず。空爆下の払出も万全」との談話等々、不退転の決意を表明している。
ここに朝日新聞と報知新聞の当日の社説から「日本の最も短かった一日」の表情を見てみよう。

朝日新聞社説　帝国の対米英宣戦

宣戦の大詔ここに渙発（かんぱつ）され、一億国民の向うところは厳として定まったのである。わが陸海の精鋭はすでに勇躍して起ち、太平洋は一瞬にして相貌を変えたのである。

帝国は、日米和協の道を探求すべく、最後まで条理を尽して米国の反省を求めたにも拘らず、米国は常に謬れる原則論を堅守して、わが公正なる主張に耳をそむけ、却（かえっ）て、わが陸海軍の支那よりの全面的撤兵、南京政府の否認、日独伊条約の破棄というがごとき、全く現実に適用し得べくもない諸条項を強要するのみならず、英、蘭、重慶等の一連の衛星国家を駆って、対日包囲攻勢の戦備を強化し、かくてわが平和達成への願望は遂に水泡に帰したものである。すなわち、帝国不動の国策たる支那事変の完遂と東亜共栄圏確立の大業は、もはや米国を主軸とする一連の反日敵性勢力を、東亜の全域から駆逐するにあらざれば、到底その達成を望み得ざる最後の段階に到達し、東条首相の言の如く「もし帝国にして彼等の強要に屈従せんか、帝国の権威を失墜し、支那事変の完遂を期し得ざるのみならず、遂には帝国の存立をも危殆に陥らしむ結果となる」が如き重大なる事態に到達したのである。

事ここに到って、帝国の自存を全うするため、ここに決然として起たざるを得ず、一億を一丸とした総力を挙げて、勝利のための戦いを戦い抜かねばならないのである。

いま宣戦の大詔を拝し、恐懼感激に堪えざるとともに、粛然として満身の血のふるえるを禁じ得ないのである。一億同胞、戦線に立つものも、銃後を守るものも、一身一命を捧げて、決死報国の大義に殉じ、もって襟を安んじ奉るとともに、光輝ある歴史の前に恥じることなきを期せねばならないのである。

敵は豊富なる物資を擁し、しかも依ってもって立つところの理念は不逞なる世界制覇の恣意である。従って、これを撃砕して帝国の自存を確立し、東亜の新秩序を建設するためには、戦争が如何に長期に亙（わた）ろうとも、国民はあらゆる困苦に堪えてこの「天の試煉」を突破し、ここにゆらぐところなき東亜恒久の礎石を打樹てねばならぬのである。

宣戦とともに、早くも、刻々として捷報を聞く。まことに快心の極みである。御（み）稜（いつ）威のもと、尽忠報国の鉄の信念をもって戦うとき、天佑は常に皇国を守るのである。

いまや皇国の隆替を決するの秋、一億国民が一切を国家の難に捧ぐべき日は来たのである。

報知新聞社説　神機遂いに到れり

天機の神機は遂いに到り、二千六百年皇国の真姿はいよいよ最極度に顕現せらるるの秋は来た。仰げ、一億国民、宣戦の勅語は厳に下ったのである！

悪虐無道、世界を剽掠し、地球上人類の当然相倶に享有すべき富源の八割までを侵略して恬然憚るなき英米は、更に東亜の「残れる残肴」たる支那大陸に毒牙を磨くに至って、蔣介石抗日政権はまたかれが謀略の走狗と化し了った。顧みるに、昭和十二年七月七日、事変勃発の日より一旬を出でざる同年同月十六日を以て発表せるハル米国務長官の太平洋現状維持の声明こそは、そもそも対日宣戦布告と見るべく、その時を以て日米両国は既に早く戦争の宿命に置かれたものであった。爾来米英事毎に対日敵性を露骨化し来り、一は以て経済戦争により我が咽喉を扼し、一は以て抗日蔣政権援助によって間接の参戦をあえてし、その暴戻なる行動は天人倶に許すべからざるところであった。

しかもなお平和に恋々として一意太平洋の安泰を祈念した帝国政府は忍ぶべからざるを忍び、堪ゆべからざるに堪え、只管米当局の反省と自重を促し来ったのであるが、かれは却って、わが意図を軽侮の具に逆用するのみにして、暴慢と無誠意の度は今やその度なきに至った。日本帝国たるもの、事、ここに至っては最早最後の断を以て臨むの已むなきに至る、蓋し必然中の必然だ。

かくて神武日本は、百難不撓の決意を以てこれより実力に訴え、人類の不義を撃ち、もって大東亜建設の大理想に邁進するのである。幸いに皇天の昭覧上にあり、大御稜威のもと、断々乎として、一億総驀進あるのみである。

しかも敵は尋常ならざる大敵である。戦火ひとたび開かれるの今日、長期戦は全国民予ての覚悟である。長期戦の名に逡巡するような国民は日本帝国内一人といえども存在しないことを思えば、有終の勝利われにあるは今更言を須いるにおよばぬ。ただ今日、宣戦の大詔を拝し、われ等の心奥に狙徠する感激は、日本晴れの心地これあるのみである。

起たんかな国民、進まんかな国民。われらの頭上に輝くものは実に三千年国体の精華である！

これら社説のほか、国民の声として、やはり十二月八日の夕刊紙で拾ってみた。

東京日々新聞　一億国民の義憤　蘇峰生（徳富蘇峰）

一億の我が日本国民は、皆な義憤に燃えている。日米会談は、公式八回、非公式二回、既に十回を累ねている。然るにその会談は寸進尺退、今や我国は却て米国側から被告人の取扱を受けている。

大陸聖戦以来、足掛け五年、我軍戦えば勝ち、攻むれば取り、蔣政権は四川省の奥地に奔竄し、南京には歴然として正統なる国民政府が建設せらるるに到った。然るに其の事件が未だ落着せざるは、米国と英国とが、事毎に我に向って敵対行動を、薄き仮面の下に、実行しつつあるが為めだ。

若し精厳なる史家の筆鋒を以て論ぜば、我が数百億の財を糜し、我が数百万の兵を労し、東亜の天地に禍を永続せしめつつあるは、眇乎たる蔣政権にあらずして米国と英国とである。

諺に盗人猛々しという。彼の米国は自から反省するを知らず、我に向って逆襲し、既成の事実を無視し、現在の情勢を看過し、唯だ原則の一点張りにて、我を屈従せしめんとしつつある。而して其の原則なるものは、唯だ東亜をして米英の東亜たらしめんとするに存す。若し原則を以て論ぜん乎、我等の原則は東亜を東亜の東亜たらしめんとするものだ。此の如く彼は東亜を米英の東亜とし、我は東亜を東亜の東亜とす。我等は、我が皇国の東亜の指導者たる責任を顧み、我が肇国の大義に照らし、断々乎として我が主張を貫徹せねばならぬ。我の好意は極度まで、彼に濫用せられたり。我一歩を退けば、彼百歩を進み、我一里を譲れば、彼百里を取る。我等の義憤が地を翻えし、天を覆するに至るも、固より当然の事のみ。

帝国の交譲、妥協の精神は、仁到り義尽す。然も彼は暴戻、貪慾、徒に物質的勢力を恃み我を威圧せんと欲す。今日は決して成敗利鈍を計較するの場合でない。今日は我等一億臣民は、大御心を奉体して、義に伏りて起つの日である。三千年来光輝ある、我が皇国の歴史に顧み、我等は更らにより赫々たる光輝を添えねばならぬ。

(昭和十六年十二月八日山王草堂に於て)

読売新聞　危急の日に　高村光太郎

「此の日天気晴朗なれども波高し」と
あの小さな三笠艦が曽て報じた。
波大いに高からんとするはいずくぞ。

いま神明の気はわれらの天と海とに満ちる。
われは義と生命とに立ち、
かれは利に立つ。
われは義を護るといい
かれは利の侵略という。
出る杭を打たんとするは彼にして、
東亜の大家族をつくらんとするは我なり。
有色の者何するものぞと
彼の内心は叫ぶ。
有色の者いまだ悉く目ざめず、
憫(あわれ)むべし、彼の頤使(いし)に甘んじて
共に我を窮地に追わんとす。
力を用いるはわれの悲みなり。
悲愴堪えがたくして、
いま神明の気はわれらの天と海とに満ちる。

同じように、第六章で、敗戦の日（昭和二十年八月十五日）の表情を各新聞紙面を通じて再現しておいたので「日本の最も短い日」と「日本の最も長い日」を比較してみると、また感慨無量のものがあるに違いない。いざとなると、人間はどれくらい冷静でなくなるか、という見本のようなものである。

海軍報道部の内容についてはくわしいことは知らないが、報道部長は小川貫爾少将で、前の駐米武官であった。対米課報の総元締めで、黒幕の人としてはほとんど表面に出ることがなかった。対外関係は平出大佐にまかせていたので、平出大佐を報道部長と思いこんでいた人が多いが、平出大佐は報道部課長で、田代格中佐、富永謙吾少佐はその課員だった。

奥行のない報道部

報道部は前に述べた人員構成で、間口は広いが、奥行はきわめてせまく、品物はひととおり何でもあるが、高級品はないというような、スーパーマーケット式の世帯であった。三人の中尉は幹部候補生出身か、特別志願（下士官から上った）の将校であったが、その他は全部士官学校出身の正規の職業軍人で、陸軍大学卒業者は数えるほどしかいなかった。三人の学生上がりの中尉の前歴はいざ知らず、陸士出身の将校は全員誰しも報道部員として適任という経験または特別な技能を身につけた者はいなかった。

これらの人々は陸軍省人事局（陸軍大学校出身者の人事は参謀本部扱い）の補任業務規程により、たとえば陸軍省軍務局付というような仮の辞令によって、出向し、報道部員となるのである。いわばよせ集めの寄り合い世帯なので、報道部員としての仕事は着任後の慣れを待つよりほかはない。構成部員の中で、しいて特異な経歴をもっていた者といえば、佐々木中佐（陸大出）くらいのもので、彼はモスクワ駐在武官をつとめたことがあった。しかし、その彼にしても、報道部在任中、特にロシア関係の仕事をしていたわけではない。

こういう人事は、国家の大切な予算を有効に使うという意味からいえば、まったくの無駄づかいであって、そうした官僚主義は、かなり重態といってもよかった。軍という組織が戦闘集団である前に、官僚集団であったわけだ。

私にしても、この後すぐ他の任務につけられ、再び報道関係の経験を生かすことはなかった。私は少尉時代に、陸軍省新聞班（報道部の前身）が発行していた一般軍隊向け旬刊紙『つわもの』の懸賞小説募集に『太陽を射る者』と題して、兵士と軍隊雑貨屋の看板娘とのほのかなラブロマンスを応募し、一等当選したことと、また中尉時代『砲兵の歌』の公募に当選したことがあったが、こんなものは子供だましのようなもので、ひどい文章しか書けなかったことは、この一文を見てもわかると思う。また、自分でも、こうした文化的な仕事に自分が向いているとも思えなかった。情報とか報道とかについて、軍の中央はきわめて低い認識しか持っていなかった。

さらに奇異なことは、部員の大部が歩兵科出身で、砲兵科出身が佐々木、平櫛（後に広石、松村報道部長が加わる）の二名で、工兵、輜重、航空科出身の者は一人もいない。これではスーパーマーケットに専門管理人がいないようなもので、しかし「報道部はスピーカー」だけの仕事でいいのだといわれれば、それまでのことだった。

このような、学もなければ才もないやからが、わずか一年くらいの研修の後、そうそうたるベテランの新聞記者、雑誌記者を相手とし、時には、専門の学識者の座談会に列席して、底の浅い知識と教養を暴露したのだから、さぞ噴飯ものだったことだろうし、数十年後の今日、自ら慙愧（ざんき）にたえない。大本営という虎の威を借りてうそぶいていたチンピラ狐の思いあがり行為を、深くおわびするばかりである。

さて、ここで各々が分担する仕事の内容について説明する。何といっても主役は新聞関係で、次は雑誌関係ではなかったろうか。

雑誌関係

雑誌担当といっても、大したことをするわけではなかった。月刊、週刊、季刊の各雑誌、機関紙、単行本の発行に関する窓口というにすぎない。それぞれの出版物の内容にタッチしたり、指導したりということはないというたてまえだった。それぞれの出版社のベテランスタッフが企画を立て、案を練り、報道部に一言のことわりがなくても、それはおかまいがなかった。内容についての検閲を行なうのは、警察の仕事であって、軍の仕事ではないということになっていたが、各社のベテランは、軍の考えていること、軍の望むところ、はては報道部の嗜好まで先刻承知していて、その献立に異議をさしはさむ余地はなかった。

たまに企画をひっさげて相談に来る出版社もあるにはあったが、その献立たるや、立派すぎるくらい立派であって、必ずといってよいくらいに陸軍大臣や報道部長の序文をとか、全国の在郷軍人会に販売したいから貴殿の添書をというデザートつきであった。今にして思うと、こういうのを自己検閲、あるいは御用新聞、御用雑誌というのであろう。報道部としては、発行されたものを読んで、意見や希望を述べるくらいのものであった。どうしてこうも円滑に、ことが運ぶのかと考えたが、それは、雑誌担当の私が、内閣用紙統制委員という宝刀を持っていたためであったのではなかろうか。当時の出版社にとって、用紙の割り当ては、何ものにもかえがたい糧道である。食糧倉庫の鍵を握っている倉庫番にはさからうものでない、と教えこまれていたに違いない。

倉庫番としては、誰から耳うちされたか記憶にないが、新聞社ではA社、出版社ではC社、S社がバッドマークがつけられていた。K社、R社には優良マークがついていた。それにしても、ほとんど発行日が同じ月刊誌、その間に入る週刊誌、これを読破して、月一回の定例会で意見なり希望なりを述べることは、私一人でできる仕事ではなかった。そこで、報道部嘱託グループに助けてもらうことになる。しかし、この人たちの意見なり希望なりをそのまま鵜呑みにして、例会で述べるわけにもゆかない。私としても、もう一度読み直す必要がある。この例会は、私にとってたいへんな重荷だったが、当事者である新聞社、出版社にとっては、もっとやり切れぬことであったろう。

在任中、いろいろなトラブルをなんとかおさめてすませてきたつもりだったが、会の終了後、「質問」といって列席者の中から挙手があると、私は何となく不安と恐怖に近いものさえ感じたものだ。ある例会で、私はK社に対して「K社のものは愚直にすぎる」と、賞めるとも責めるともつかぬ意見を述べたが、他社からその真意を質問された。ちょっととまどったが「賞められたと思おうと責められたと思おうと、それは貴方がたのご自由です」と、うまくかわした。もっとも、「うまくかわす」などという考え方が、すでに官僚型だったということだろう。官僚統制が戦時体制を内側からダメにしていったということだろう。

『つわもの』編集関係

『つわもの』は軍隊向けの旬刊タブロイド判の機関紙で、編集スタッフとして、別棟の編集室に永井という民間人がいた。担当の竹田少佐は、私の席と隣り合わせで、無口の彼は黙々と、朝から原稿用紙を埋めていた。

音楽・美術関係

この担当の武田中尉は、どんな経歴の人かくわしくは知らぬが、仕事の関係か、知己関係か、山田耕筰氏や中山晋平氏や赤坂小梅さんなどをはじめ、藤田嗣治画伯など音楽・美術界における重鎮の来訪が多かった。彼がどの程度タッチしていたかは知らぬが、『空の神兵』『加藤隼戦闘隊』『露営の歌』など陸軍用の歌謡曲が、『月月火水木金金』や『ラバウル小唄』の海軍用の歌に対抗して奮闘していた。絵画に関しては、馬淵報道部長時代、第一線画壇の人の作品を集めた「聖戦絵画集」にすべてをつくしたといってもよいだろう。当時、陸軍の糧秣廠で前線向けに試作した純度の高い清酒の試飲会で、武田中尉に誘われて山田耕筰氏と同席したことがある。酒に関しては、山田耕筰氏は眼がなかった。眼を細めて味をかみしめていた姿は忘れられない。帰りに武田中尉に無理をいって、一合瓶にその試作品をつめてもらって、満面に笑みを浮かべていた山田氏の姿が今も眼に浮かぶ。

武田中尉のところに来るお客さんの中で、もう一人、赤坂小梅さんのことを書かねばならぬ。前にも述べたが、私は砲兵科の出身で、陸軍少尉に任官したのは、今の北九州市、そのころの小倉市の野戦重砲兵第五連隊だった。当時小倉の美妓連中の中に小梅さんがいたのだ。連隊の宴会は、小倉市を流れる紫川畔の料亭でひらかれることが多かった。末席で酒ものめず、唄一つ唄えなくてしょんぼりしていた私を憐れんでか、小梅さんが「少尉さん、私が唄を教えてあげましょう」といって教えてくれたのが、まず童謡だった。題は忘れたが「白い椿が咲いたとさ」という歌詞があったことは覚えている。私の小倉在住は一年間で、その後陸軍の上級学校に入学するため、東京へ出た。小倉のこと、小梅さんのことを忘れたわけではないが、ついつい疎遠になっていた。

そんなある日、報道部の部屋で、昔ながらの巨体の小梅さんを見たときには、一瞬、わが眼を疑った。

「あら、あのときの小倉の少尉さん」

と挨拶されて、

「しばらくでした。その節はどうも」

これが私の精一杯の挨拶だった。

「あんたも出世したわねえ。ういういしい若い少尉さんが、もう少佐なのね」

「武田さん、あんた、中尉でしょう。あんたより偉いんでしょう」

これには私も参ったが、武田中尉までが調子を合わせて、

「偉いどころか、今、海軍の平出、陸軍の平櫛といって、これを知らぬ人はもぐりだ」

などと茶々を入れたので、いつも静かに執務していた報道部はまるで花が咲いたようになった。

「小梅さんも、昔の小梅さんではなく、天下の赤坂小梅さんじゃないですか。『黒田節』は勇ましくていいじゃありませんか」

この再会のあと、「陣中見舞」と称して「ご一同さまでめし上がって下さい」とお

酒や菓子折りをいただいた。その後、どういう経過をたどったのかは知らないが、小梅さんは戦後、私の陸士一期下の稲葉正夫氏と結婚した。稲葉氏は、関東軍の参謀から中央に出てきた傑物だったが、空襲で家族を亡くされていた。その稲葉氏も先年亡くなった。

演劇・映画関係

担当の黒田中尉（のち大日本印刷株式会社社長）のところにも、異色の来客が多かった。松竹、日活の映画監督、映画俳優、舞台俳優など、武田中尉のところの来客とその多彩さを競っていた。

当時、外国映画は、アメリカ物は見ることができず、ドイツ物でもまれにしか入手できなかった。日本物は戦時色一色であったが、たしか田坂具隆監督、小杉勇主演だった『五人の斥候兵』は印象深かった。また、これはドイツの映画だったが（題名は忘れたが、多分『最後の一兵まで』ではなかったか）陸軍省大講堂（後に極東裁判の法廷）で新聞記者、雑誌記者を集めて鑑賞会を開いたことがあった。

さらに、黒田中尉は、大日本相撲協会の根岸氏と交流があったのか、横綱安芸の海が恤兵金の献金に来たとき、私が横綱と同郷だということで、私の立ち会いのもとに、陸軍省高級副官に取りついだ。これが縁になって、私自身相撲ファンだったこともあって、以後数場所、砂かぶり席で観戦するのを許されることになった。権力の近辺には、いつも役得がともなうものである。

検閲関係

検閲には、決まった担当者がいたわけではなかった。新聞社の前線特派員からの電報または写真は、いつ本社へ入ると決まっているわけではない。その中には明日の朝刊にすぐにも組み込みたい原稿がある。報道部の検閲は、午後五時までというわけにはいかぬ。少なくも朝刊の締め切り時刻まではつきあうため、若い者が順番でこれにあたった。

昼間は報道部の部屋で、午後五時以降は報道部員の更衣室の片隅に机を運びこんで、検閲にあたった。新聞社に着いた写真フィルムは、ただちに現像され、印画紙の乾くのも待ち切れずに、オートバイで大本営報道部の検関係に持ち込まれてくる。検閲はまず写真説明を読み、まだ発表してはいけない兵器（例えば戦車砲、大型発動艇の舳先の部分）が写っていないかをみて、何もなければ「検閲済」の判を、修正をすればば使ってよいものには、砲身の口径をぼかすとか、この部分を削るとか、指示をして、くめているつもりであった。

「検閲済」の判を捺して、「ご苦労さん」とつけ加えてかえす。このご苦労さんには、使いのオートバイの人と、この原稿を送ってきた前線特派員に対する感謝の意味をふくめているつもりであった。

やむをえず保留不許可の判をおすのは、未発表の新作戦の前線よりのもので、担当者個人だけでは判断できない新しい作戦や兵器について、明日その専門家の出勤を待ってから決定にいたるまでの「保留」だった。「保留」「不許可」の多かった日は、勤務を終わって市ヶ谷の坂をおりるとき、生死の巷で身の危険もかえりみずに写した写真を没にしてしまったことが、どこか心の奥にひっかかって、足が重かった。

第一線に送られる報道班員や慰問団

この問題も陸海軍間の人選争いが絶えなかった。芸能慰問団の人選は、武田、黒田両中尉がこれにあたっていたが、作家を派遣するための交渉には私があたった。しかし、この計画は残念ながら海軍に先手をうたれてしまった。そこで私は女流作家を戦地に送り、婦人の繊細なセンスで戦地を直視してもらおうと思いたち、女流作家の人選にあたった。幸い、海軍報道部も女流にまでは手をつけていなかった。しかし、ただでさえ女性を口説くことの苦手な私には、これは大変な仕事になってしまった。

窪川（佐多）稲子、真杉静枝、中里恒子、宇野千代の各女史を口説きおとしたときは、心の底で快哉を叫んだ。あとで、宇野女史は、不参加を申し出てきたが、これらの女性を戦地まで無事に送るのがこれまた大変な仕事だった。軍用機で北京または上海に送ることも考えたが、「軍用機は兵器だぞ。それに女性をのせるとはなにごとだ」とカタブツの上司から一喝されたとき、「女はのせない戦車隊」という軍の俗謡があったことを思い出した。

武田、黒田両中尉の方は、その顔の広さもあって、ミス・コロンビア（松原操）、渡辺はま子、赤坂小梅、赤坂喜美栄（三味線）、松平晃、伊藤久男、川畑文子、柳家権太郎、リーガル千太、リーガル万吉、末広友吉（浪花節）、千葉久子（三味線）のそうそうたるメンバーを集めたが、途中の海軍部隊も慰問するということになって許可がおりた。

ねらわれる報道部員

戦争が激化するに従って、大本営でも、いろいろなミステリーが起こった。昭和十七年七月、枢軸側のイタリアから飛行機が北部支那に飛来して、話題をまいた。ちょうどそのころ、日本でも新しい長距離飛行のできる大型機が完成していたので、かねてから東亜と欧州を直通連絡したいと考えていた日本から、ドイツ・イタリアに向けて無着陸直行飛行が、南方コースをとって行なわれることになった。この日、ドイツ行きの連絡機が立川を飛び立ったのは、昭和十八年十月の半ばころと記憶している。

この飛行機には、大本営（参謀本部）から第八課長（宣伝謀略担当）西義章大佐と、ドイツ班から香取中佐が同乗し、操縦者は日本陸軍第一級の中村昌三中佐、機関士はかつて朝日新聞社で欧亜連絡飛行の快挙をなしとげた「神風号」の飯沼正明氏とともにロンドンへ飛んだ塚越賢爾氏であった。この飛行機は、シンガポール（当時の昭南）を出発したまではわかっているが、その後、消息を絶ち、今日までその行方は謎に包まれたままである。

この事件は、国民にはもちろん、省部内でも極秘扱いだった。西大佐は、私が士官学校の本科に在学中の区隊長西中尉だった。そういう師弟関係から、偶然につかんだニュースだった。

もう一つのミステリーは昭和十九年一月半ばころ、シベリア鉄道内で起こった。参謀本部暗号班長金子中佐は、新しい暗号書をたずさえて東京を出発、シベリア鉄道でモスクワに向かったが、数日後シベリアの寒村スヴェドロフ駅で冷たい死体となって発見された。同行の浜田大尉（航空）の話によれば、途中車内で一人のソ連人にウォトカ（火酒）をしたたかに飲まされて、毒殺されたのだということであった。浜田大尉も飲まされて、しばらく人事不省となったが、幸いにも意識を回復したという。シベリアの小寒村駅で日本軍人があばれていて同駅で保護している、という知らせをうけて、モスクワの日本大使館員が身柄引き取りのために急行した。暗号書の入った荷物その他はいっさい無事で、スヴェドロフ駅で大使館員にひき渡されたが、当然、暗号書は盗写されてしまったあとだっただろう。

その数日前のソ連の革命記念日に、スターリン首相が今までの日ソ中立条約のわくを越えて、日本問題にふれ、はじめて日本を「侵略者」として非難したことと考えあわせると、あまりにもタイミングがよすぎるという気がする。浜田大尉は、モスクワから呼びもどされ、その責任を感じて鬱々としていたが、その後、特攻隊を自ら志願して散華した。

われわれ報道部員は、その仕事の性質上、国家機密に近いところで勤務していたから、敵の謀略機関の目標とされやすい立場にあると思われがちだった。だが、その実状は、先に述べたように、ただのスポークスマン的な存在にすぎなかったので、もし報道部員にねらいをつけたスパイがいたとしたら、「ご苦労さま」と申し上げたいところだったが、ねらわれているという事実は当然のこととしてあった。

その対策ではないだろうが、報道部員は私服通勤が許されていた。そして、鞄の所持は禁じられていた。やむをえず荷物を持つときは、絶対に手から放さないため、風呂敷を用いその結び目に手を通せ、と教えられていた。網棚に荷物をのせること、座席はあいていても居眠り防止のため腰をおろすことは厳禁だった。

報道部員も人間である。物欲に恬淡たる聖人君子の集まりではない。酒・女・金といったたれでもとびつきそうな好餌が眼の前にぶらさがったことは、一度や二度ではなかった。

Aのところに、ある日、歌舞伎座の一等席の切符が送られてきた。案内状もなにも封入されていないが、Aの芝居好きは有名だったので、誰かが送ってくれたのだろうと考え、日時も休日だったのでAは軽い気持で久しぶりに観劇としゃれこんだ。第二幕目の短い幕間に、彼は用便にたった。用をすませて席へ帰ったとき、さっきまでAの座っていた席に、すし折りくらいの、ハトロン紙の包みが置いてあった。一瞬、席を間違えたかな、と切符をチェックしてみたが、間違いはない。Aの左右の観客は、幕間に立った様子もない。

「すみませんが貴方のお持物ですか」と聞いたが、誰も首を左右にふるだけで、やがて場内がうす暗くなり、次の幕があいた。Aはハトロン包みを膝の上に置いたまま劇の進行を追った。はじめは、自分を招待した人が茶目っ気ついでに、弁当まで無名で差し入れたのだろう、ぐらいに考えていたが、膝のハトロン包みがすしにしては軽すぎる。次の幕間は少し長かったので、別に便意もないが、大便所に入った。ハトロン包みは大型のすし折りにギッシリ詰まった紙幣だった。

Aはもう観劇どころではなかった。あわてて劇場を出て、タクシーを拾い、もよりのK憲兵分隊へ駆けこんだ。日曜日なので、当番の憲兵伍長以下数名しかいなかった。身分と来意を告げると、伍長はどこかに電話していたが、

「分隊長がお会いになるそうです。隊長は今日は営舎におられます。お送りします。車で五分もかかりません」

こうしてAは、憲兵分隊長に会って、今日おこった一部始終を話し、ハトロン包みを預け自宅へ帰った。その後、Aは中支派遣軍に転出してしまったので、その話の続きは、遂に聞くことができなかった。

Bはかねて D社から依頼を受けていた「戦略・戦術・戦場心理」についての一般向けの解説原稿を書きはじめていた。執筆には、D社で準備したYホテルの一室を使っていた。

ある日、D社の社長の使いの者という、人品いやしからぬ中老の人物の訪問を受けた。用件は、ホテルの一室を使用するのは何かと不便だろうから、目白駅の近くにある現在使用していない自分の別宅をご自由にお使い下さい、という申し出で、この件については、D社の社長も了解ずみだということであった。

Bはかねてから、たとえそれがD社のための原稿作成であっても、Yホテルの一室を使用していることに、何かうしろめたい気持があったし、当時Bが住んでいた借家との交通も、目白のほうが便利だということで、その日の帰途、訪問者の車で、その家の下見に出かけた。それは目白の学習院の近くの鬱蒼たる木立に囲まれたモダンな洋館であった。通いのメイドが雑用にあたるということで、Bは仕事場としては申し分ないと思い、さっそく使わせてもらうことに決め、そのまま自宅まで送ってもらった。先ほどの洋館にくらべれば、Bの借家はいかにもみすぼらしかった。

D社から依頼された原稿がほぼ目鼻のついたある日、Bは目白の洋館に、あの日の中老の紳士の来訪を受けた。原稿進行の事務的な折衝の後、その来訪者は、この家はしばらく使用の予定もないから、もしお気に召したらひきつづいてお使い下さい、ご家族もご一緒に、というのである。その上、もしご希望なら、格安の値段でお譲りしてもよい、という風な口ぶりさえみせた。Bはその場かぎりの茶飲み話として聞き流し、また、特別な財産のあるわけでもない、せいぜい月給百五十円程度の一将校の分際を考え、このことに関しては他言もしなかった。

それから一ヵ月ばかりしてから、Bは完成原稿を届けるためにD社を訪れ、担当者と社長にあった。そこで、目白の家を使わせてもらうようになってから万事が好都合で、進行も大変はかどったと謝意を表したが、目白の家のことについては、担当者も社長も、何も知らなかった。依然としてYホテルの一室で作業を続けているものと思いこんでいたそうだ。

「今考えてみると、何か背筋が寒くなる」とBは語ってくれた。その本は予定どおりに出版された。

Cは酒好きだった。それも座敷で腰をすえてジックリ酒を味わうのが好みで、さかなもお酌も不要だったが、孤独は嫌いだった。後輩や新聞社、雑誌社の若い連中を誘っての談論風発型である。酒量がある量に達すると、そばに他人がいようがいまいが、ごろっとひっくり返って一眠りするらしかった。そうなると、一緒に飲んでいた連中も、このへんが潮時と、おかみにあとを頼んで、お先に失礼、ということになる。

Cは決して泊まらなかった。そんな風だったから、毎月の料亭に支払う金額もたいしたものではなかった。しかし、どちらかというと、ノンキ坊主だった彼は、その数ヵ月間、料亭からの請求書が来ないまま、支払いもしていないことに気がついた。料亭で酒を呑む頻度を少なくした覚えもなかった。次の機会に、Cはおかみにそのわけをただした。

「Cさん、いやですね。今日はもう酔っているのですか」

おかみのいうのには、いつか一緒に飲んだ連中の一人が、「Cさんは寝たから、あとはよろしく」といって、「これは今夜の分、お釣りはこれから先のCさんの飲み代の前払いとして取っておいてくれ」ということで、すでに過分にいただいております、あと二、三回分はいただくわけにはゆかないという。その夜、Cは苦い酒を味わわされて、酔いもまわらず、例のゴロ寝もせずにそうそうに帰宅した。

Dは講演をたのまれて、北陸から中部地方の都市を巡回した。最終はN市だった。宿も頼んであったので、駅に出迎えの人が来ていた。

「Dさんですね。K会のものです。お迎えに来ました」との言葉に、一片の疑念もなく、車で宿舎に案内された。宿舎は、駅から相当あった。着いた宿は、日本風ではあるが、何となくケバケバしさが目につき、これがN市地方の趣味なのかな、と思った。案内された部屋は豪華なもので、座敷のまん中に長火鉢がおかれ、座布団は国技館で控え力士の座るような、赤ん坊の敷布団とも思われるくらいのもので、座ると身体が空中に浮かんだような気がした。「係りの女中です」と挨拶に来た女性は、年の若い美人だった。明日の午後三時にさきほどの方がお迎えにあがるそうですから、どうぞごゆっくり、とのことで、その女中さんは片時も部屋から出ない。

「今日の新聞をみたいのだが」といって、女中さんが部屋を出ていった間に、隣りの部屋の襖間をあけてみて驚いた。まだ夕食前だというのに、もう豪華な寝室がしつらえてある。

夕食は和食で、山海の珍味が出た。食後、そのへんを散歩したいからといって、おともします、という女性を振りきって、外に出た。途中、電話で、明日の講演会の主催者を呼び出して、

「勝手をいってすまぬが、せっかく準備していただいたが、あの宿を変えてもらえないだろうか」といって、ほかの宿にうつることに成功した。

最初に案内された宿は、N市の有名なN遊廓で、戦時中の風俗営業禁止措置により、表面上転業した旅館であったが、内容は昔と変わらないのだそうだった。

「俺を馬鹿にしやがって！」と語るDに、同僚たちは口を揃えて「虎穴に入って虎児を得ずか」と冷やかしたが、Dの表情も本気で怒っている風ではなかった。

Eは、毎日、満員電車にもまれて市ヶ谷まで出勤していた。まだ寒いころだったの

で、Eは釣鐘式の陸軍の将校マントを着ていた。かねて注意されていたように、風呂敷の結び目に手を入れて吊革にブラさがっていた。電車が信濃町をすぎて、四谷のトンネルに入ったとき（そのころトンネル内でも車内は点灯されなかった）Eの左側にならんで立っていた女性の右手が、マントの中にしのびこんでくる気配を感じた。ときすでに遅く、平時編制のだらっとしていた彼のシンボルは、ズボンの上からしっかりとつかまれていた。出勤後、部内はその話でもち切りになった。たまたま早番で、報道部員室にいたM新聞社の記者は、だまって記者クラブへとって返した。そして一時間もたたないうちに、その記者は「号外！　号外！」と叫びながらガリ版刷り印刷物を配って歩いた。

「四谷に女痴漢あらわる」という見出しで、「本日午前八時半ころ、満員の電車の中で、報道部員E少佐は突然女性痴漢に襲われ、所持物を握られたが、平時編制であったために無事。もしこれが戦時編制の態勢だったら、多少の損傷は免れなかっただろうと当局は胸をなでおろしている」と……。

言論統制の実際

前にものべたように、報道部の検閲は、本来、軍事機密に属するものに限られているはずであった。一般的な言論の検閲は内務省と警察の仕事だった。

しかし、当時の日本では、軍は絶対の権力を握っていた。軍の意向に表だって反対できる者はいなかった。その力は、おそらく絶大なものであったろう。

ところが、権力というものは、自分がその内部にいると、それがどのような影響を外部におよぼしているのか、見えないものである。ことに若いときは、それが自分の力であるような錯覚をおかすものである。だからといって、その権力をふりまわせば、それはもう外部にとっては暴君でしかないわけで、本人がたとえ善意で行なったことでも、外部に対しては「強制」になる。そのへんの社会構造が本人に見えていればまだすくわれるが、えてして足を踏みはずす。

私のような田舎者には、そのへんをうまく調整してゆくだけの叡智が欠けていたように思う。外部から見れば、何もわかっていないくせに大きな口をたたく、鼻もちならない権力の走狗に見えたかもしれない。また、事実そうでもあったのであろう。

はじめは軍事関係に限られていた発言が、いつのまにか少しずつはみだしていって、実質上の言論検閲に近いところまで行った。軍の個人が何気なく吐いた意見が、社会的に大きな影響を与えてゆく。それをたしなめる機関がどこにもないという社会は、それ自体欠陥社会なのだという認識を私が持つにいたったのは、軍をはなれてかなりな年月がたってからのことである。それでは遅すぎるという気もするが、一生それに気づかずに終わるよりはましであろう。

昭和の歴史を見直してゆくと、軍やその便乗者たちが余計な口ばしを入れたために、日本の針路がゆがみ、多くの人々が苦しみ、結局、日本帝国そのものが崩壊していった過程がよくわかる。イソップ物語にこういう話がある。子供がほんのいたずらに路傍の蛙にむかって石を投げつける。すると、蛙が哀願する。

「坊ちゃん、あなたにとっては、ほんの気まぐれかもしれませんが、私にとっては命がけの災難なんです」

戦後の経済界流のいいかたをまねれば「アメリカがクシャミをすると、日本が肺炎をおこす」というたぐいである。私は私なりに、自分でそれと知らぬまに、多くの人を傷つけていたと思う。日本そのものの運命をも傷つけていたのかもしれない。

「あれはお国のためにやったことだ。戦争に勝つためにはしかたがなかったのだ」などと戦後になって弁明した元軍人、元政府高官はたくさんいたが、お国のためにならなかったからこそ、日本は敗けたのだ、と私は自ら責めてきた。大きな眼でみて、それがお国のためにならないことに気づかなかった自らの不明を恥じいるばかりである。石を投げた子供には、石を投げられた蛙の立場はわからない。だから、いろいろあったであろう私たちの「横暴」について、私の側から書くのは、それもまた一方的なものになる恐れなしとしない。

幸い、当時中央公論社の編集者をしていた黒田秀俊氏が著書『昭和軍閥』のなかで、雑誌『改造』の発禁について回想しているくだりがある。ここには、加害者として私の名も出てくるので、あまり名誉にならない話だが、それを引用してみよう。

▽『改造』の発禁事件　黒田秀俊

細川嘉六の「世界史の動向と日本」は、『改造』八月号（昭和十七年七月十九日発売）の巻頭論文として掲載された。論文の要旨は、この戦争で、日本は、欧米帝国主義者とおなじ道をたどってはならない。日本は、新しい民主主義に立って、アジア諸国民の独立の達成を助けるべきである。とくに中国にたいしては、中国の完全な主権回復こそが、日本にとっても利益であり、日中両国のあいだに恒久的平和友好関係をきずくゆえんであることを力説していた。

細川論文が反響をよんで、八月号の『改造』はどこへいっても評判がよかった。わたしたちも、「今月は完全に『改造』にやられたな」と話し合ったものである。『改造』編集部には、「よくやった」とわざわざ電話で激励してくる寄稿家もあったという。つづいて、九月号（八月十九日発売）に、続篇が載った。もともと改造としては、論文の迫力が削がれることを懸念して、分載は本意でなかったそうである。しかし、用紙はすべて割当であったから、二百二十四頁という窮屈な用紙事情のもとでは分載せざるをえなかった。

ところが、その九月号もあらかた売れてしまったころに出た九月十四日号の日本読書新聞（日本出版文化協会の機関紙）紙上に、陸軍報道部長の谷萩那華雄大佐が「戦争と読書」という長文の談話を発表した。そのなかでとくに検閲の重要性に言及し、『改造』の細川論文は戦時下巧妙なる共産主義の宣伝である、これをみのがしたのは検閲の「手ぬかりです」ときめつけた。何しろ、泣く子も黙る陸軍報道部長の発言だからそのひびきは大きい。情報局の担当係官が進退伺いを出したといううわさを耳にしたくらいであった。

スジ論からいえば、主管の情報局検閲課が正規の手続きで通過させた論文を、職務権限のない陸軍報道部長が「手ぬかりです」とクレームをつけるいわれはないはずで、きわめて非立憲的な横ヤリといわねばならなかった。しかし、戒厳令下の政治といわれる軍閥ファッショの時代である。横ヤリはまかり通った。

この谷萩発言には火つけ役がいる。報道部で雑誌を担当していた平櫛孝少佐である。

陸軍報道部で主催している集まりに「六日会」という名の雑誌懇談会のあることはすでに書いた。昭和十七年（一九四二年）の九月はたまたま六日が日曜だったために、七日に麴町の宝亭でひらかれた。当日は『中央公論』からわたしも出席していたので、そのときのことはよく記憶している。編集長に報告する用意のため、かんたんなメモをとっていた。席上、平櫛少佐はつぎのように語った。

「自分は、なんの気なしに、寝ころんだままこの論文を読みはじめ、途中、おもわず卒然として起きあがった。この論文で、筆者のいわんとするところは、わが南方民族政策において、ソ連に学べということにつきる。南方現地において、日本民族が原住民と平等の立場で提携せよというのは、民族自決主義であり、敗戦主義である。しかも、その方法としては、ソ連の共産主義的民族政策をそのままあてはめようとする以外のなにものでもない。かくてこの論文は、日本の指導的立場を全面的に否定する反戦主義の鼓吹であり、戦時下巧妙なる共産主義の扇動である。一読驚愕した自分は、さっそくこのことを谷萩報道部長に報告すると同時に、専門家にも論文を審議してもらったところ、自分とまったくおなじ結論をえた」

ここで、平櫛少佐はいちだんと語気をつよめ、「このような論文を掲載する『改造』の真意を問いたい。返答如何によっては、即刻、雑誌の継続をとりやめさせる所存である」と難詰し、大森直道『改造』編集長の顔をにらみつけた。雑誌の所管は情報局である。それを職務権限のない報道部の一少佐が「雑誌の継続をとりやめさせる所存である」と公開の席で大見得をきるのだから、そのころの陸軍の勢威のほどがおもいやられるであろう。

この平櫛少佐の非難にもまた裏がある。そのころ、右翼の論客で、日本精神文化研究所（国民精神文化研究所とは別）員の肩書をもつ田所広泰という人物がいた。この人物が細川論文を非難する怪文書を作成して各方面に配布した。細川論文は、レーニンの『帝国主義論』に立脚する唯物史観であり、「戦時下、巧妙なる擬装共産主義」であるというのがその論旨であった。つまり、平櫛少佐は田所広泰にそそのかされ、谷萩報道部長は平櫛少佐から報告をきいて、「戦時下巧妙なる共産主義の宣伝である」とわめいたのである。

こうなると、警視庁でもほってはおかれない。細川は出版法違反容疑で検挙され、世田谷署に留置された。

泣く子と地頭にはかなわない。けっきょく、この事件で、改造社では、大森直道編集長と直接細川論文を担当した相川博が責をひいて退社し、編集スタッフ全員の配置転換をおこなうことで恭順の意を表し、一件はようやく落着した。

この事件は、当然、『中央公論』編集部でも話題にのぼった。他人事ではなかったのである。畑中繁雄編集長は、「細川論文がいけないとなると、現実問題として、総合雑誌の編集はできないということになる。編集者のクビなんかいくつあってもたらんな」と呟いた。わたしは、改造社が、あまりにあっけなく細川論文を非と認め、編集者のクビを差出して、恭順の意を表したことを残念におもった。もっとも、相手が侵略戦争をすすめている当の軍であってみれば、どうにもならなかったのかもしれない。それから九ヵ月後、『改造』とおなじような運命にこんどはわれわれがさらされることになるのである。

若い頃の自分のことを、こうはっきり書かれてしまうのは、決して気持のいいものではないが、事実関係の大筋はそのようなものであった。私には弁解の言葉もないし、また、加害者が弁解するのは見苦しい。こちらにそれほどの自覚がなくとも、世間には「はしゃぎすぎ」ということばもある。たしかに、私たちは、はしゃぎすぎていたのだ。

しかし、石を投げられた側にとっては、生死にかかわる大事件であったろう。当時の肩いからした軍部と、それに立ち向かう手段を持たなかった民間言論機関との関係はまさにこのようなものであった。

その点、米軍当局のジャーナリズムへの対しかたは、はるかに洗練されている。言論部門一つをとっても、日本はアメリカの敵ではなかった、ということができる。

第三章　アメリカの反攻

快晴から暴風へ

昭和十六年十二月八日の大本営発表については、巻頭で述べたが、国民は、このハワイ大空襲によって、米太平洋艦隊が完全に覆滅されたものと思いこんだ。しかし、その後のアメリカ側の発表を総合すると、空母六隻を中心とする日本機動艦隊は、オアフ島北方二百三十カイリから、空襲部隊二波を発艦させて真珠湾基地を急襲、八百キロ爆弾と魚雷をたたきこんで、米戦艦四隻、駆逐艦二隻、ほか二隻を撃沈、戦艦四隻、軽巡洋艦二隻、駆逐艦一隻を撃破した。この結果、アメリカ太平洋艦隊はその十八パーセントを失った。航空母艦の損傷はなし、ということだった。

この日、十二月八日は、大本営陸軍部と海軍部の発表が交互に、続けざまに、発表された。

〔大本営陸軍部発表＝八日午後五時〕わが陸軍飛行隊は本八日早朝来比島方面要衝に対し大挙空襲し、甚大なる損害を与えたり。

〔大本営陸海軍部発表＝八日午後九時〕帝国陸海軍航空部隊は本八日緊密なる協力のもとに比島敵航空兵力ならびに主要飛行場を急襲し、イバに於て四〇機、クラーク・フィールドに於て五〇乃至六〇機を撃墜り。

戦果の発表は翌九日、翌々十日と続く。

〔大本営陸海軍部発表＝午前十時十分〕帝国陸海軍は十日未明緊密なる協同の下に比島に対し上陸作戦を敢行し目下着々戦果拡張中なり。

〔大本営海軍部発表＝午前十時三十分〕一、帝国海軍航空部隊は九日午前敵の猛烈なる照射反撃を冒し比島空軍基地ニコルス飛行場に対し夜間爆撃を敢行し飛行機格納庫を爆破し二ヵ所に大火災を生ぜしめたり。二、帝国潜水艦は九日マニラ湾に於て米国軍用艦を撃沈せり。

〔大本営陸海軍部発表＝午後二時二十分〕帝国陸海軍は本十日未明緊密なる協同の下に敵の抵抗を排除しグアム島の上陸に成せり。

さらに十二月十日のビッグニュースは、

〔大本営海軍部発表＝午後四時五分〕帝国海軍は開戦劈頭より英国東洋艦隊特にその主力艦二隻の動静を注視しありたるところ、昨九日午後帝国海軍潜水艦は敵主力艦出動を発見、爾後帝国海軍航空部隊と緊密なる協力の下に捜索中本十日午前十一時半マレー半島東岸クアンタン沖に於て、我が潜水艦再び之を確認せるを以て帝国海軍航空部隊は機を逸せずこれに対し勇猛果敢なる攻撃を加え午後二時二十九分戦艦レパルスは瞬間にして轟沈し、同時に最新式戦艦プリンス・オブ・ウェールズは忽ち左に大傾斜暫時遁走せるも間もなく午後二時五十分大爆発を起こしついに沈没せり。

〔大本営陸軍部発表＝午後十時〕マレー方面に作戦中の帝国陸海軍部隊は本九日英国軍が頑強に死守せんとしたる北部英領マレー戦略上の大要衝〇〇を完全に攻略せり。

というもので、十二月八日には米国太平洋艦隊を、十二月十日には英国東洋艦隊をともに潰滅させるという開戦劈頭の快勝の連続は、国内を湧きに湧かせた。相当くわしい発表であるが、さらに説明を加えると、マレー沖で日本航空部隊がイギリス東洋艦隊の主力艦を捕捉、戦艦プリンス・オブ・ウェールズを五百キロ爆弾一発、魚雷五発で撃沈、巡洋戦艦レパルスを二百五十キロ爆弾一発、魚雷五発で撃沈したというものである。しかし、このかりそめの夢は、はかないもので、日米の戦場における主導権は昭和十七年夏以来、日本から米国へと移っていったことは、否定できない。

〽軍艦造って何にするかと　ルーズベルトに尋ねてみたら
　日本の海軍に沈めてもろて　太平洋の埋め立てするそうな　ハハノンキダネ

この石田一松（戦後国会議員）の作ったノンキ節の主語は「ルーズベルト」を「東条英機」に、「日本の海軍」を「アメリカの海軍」にさしかえねばならなくなり、これにこたえるかのように、米国民の間でも、ユーモアあふれる皮肉な新語が口の端にのぼるようになった。すなわち「シューストリング・オペレーション」（くつひも作戦）「オペレーション・ウォッチタワー」（望楼作戦）などがそれである。

昭和十七年一月二日、フィリピンのマニラの完全占領が発表されたが、一月七日、大本営海軍部は次のような発表を行なった。「北島方面に於て敵飛行機三六〇機を撃墜破せり」というのである。

フィリピン、ルソン島には、開戦直前まで、米軍機は二百機しかいなかったといわれていたし、またこの比島作戦には陸軍の第五飛行集団約三百機が参加していたやさきに、海軍によるぬけがけ誇大発表が行なわれたのである。これにはそれなりの理由があった。当時、占領地に軍政を施行するについて、寺内南方軍総司令官は、内地を出発するにあたって、陸海それぞれの分担を急いで決定したばかりであった。

マニラの陥落が一両日中だろうということになると、北島高等弁務官邸を陸軍が使うか、海軍が使うか、俺によこせ、お前にはやれぬ、といった愚にもつかぬ争いがおこる。その場合、海軍に有利にことがはこぶように側面掩護する効果をねらった発表だったのである。こうして報道を通じての陸海軍の功名争いはますますはげしくなっていった。

東京初空襲

昭和十七年四月十八日午後零時三十分ころ、帝都東京は突如、米軍ノースアメリカン機の空襲を受けた。私は東京市ヶ谷の報道部の東入口から出た中庭で、この空襲を眺めていたが、報道部の真上の二階にあった参謀総長室からは、杉山参謀総長が同じ入口から出てきて、大将と少佐がそれぞれ異なった気持で東の空を眺めていた。

この空襲機は、空母二、三隻を基幹とする米機動部隊が、日本側の厳重な哨戒網を突破し、その中の空母ホーネットに搭載したノースアメリカン陸上爆撃機B25十六機（ドリトル陸軍中佐指揮）をもって日本本土上空に侵入してきたものであった。うちわけは、京浜地区十三機、名古屋二機、神戸一機である。この空襲の被害そのものは大したものではなかったが、日本の政府首脳、とくに陸海軍の最高統帥部に、予想外の混乱をあたえることになった。つまり、米軍はいつでも思うときに東京を空襲することができ、それを完全に防ぐ方法はないということが明らかになったのである。これが慌てずにいられれようか。

このときの東部軍司令部午後二時発表によれば「敵機九機撃墜」となっていたが、実際のところは一機も撃墜できず、ノースアメリカン機は、それぞれ大陸の中ソ領内に着陸している。このころインド洋に出撃してイギリス東洋艦隊を攻撃していたわが第二艦隊は、この事態に対応して、急いで太平洋に回航することになり、いま一押しでくずれかけようとしていた英国海軍に対し、とどめをうつことができなくなった。

アメリカ側のルイ・モルトンの公刊戦史によると、「日本陸海軍中央部は、三月ころから、ポートモレスビー（ニューギニア）を手に入れた後、ニューカレドニア、フィジー、サモアに手をのばす作戦をたてていた」と当時すでに日本側の作戦を見抜いていた。この作戦は「FS作戦」という秘匿名で呼ばれていた。Fはフィジー島、Sはサモア島で、目的は米豪連絡線の遮断であった。できれば、ニューカレドニアまで進出しようというのである。

しかも、日本では、ニューカレドニアの軍政担当をどちらがとるかについて、陸海軍の間で再び激論が交わされるなど、とらぬ狸の皮算用に、無用の精力を濫費していた。そんな縄張り争いよりも先に手を打つべき重大問題があったのではなかったろうか。

報道部がこんな事情を知ったのははるかにあとのことで、誰もが「またか」というにすぎなかった。肝心の陸海軍がこのように割れていて、国民に対しては一億一心を説いていたのだから、身のほどを知らぬといわれても、一言もない。

昭和十七年二月四日におこったジャワ沖大海戦については、同二月六日の新聞紙上で、大本営は次のような発表をしている。

「海鷲ジャワ島大空襲、敵機八五を撃墜破して敵空軍の大半を潰滅」

「帝国海軍は二月一日より三日にわたりジャワ海西部を素敵攻撃し敵艦六〇〇〇トン級、三〇〇〇トン級、二〇〇〇トン級各々一隻を撃沈せり」

また、同年三月一日のバタヴィア沖の海戦については、

「敵艦隊〔蘭印（現在のインドネシア）西南太平洋連合艦隊〕主力を捕捉、巡洋艦四隻まではその撃沈を確認したるも、目下残敵追撃中」

たしかに、この頃の日本海軍は強かった。ジャワ・バタヴィア沖海戦は、小型艦艇同士の砲撃戦であったが、文字どおり完勝といってもよかった。

このとき日本海軍に撃沈されたイギリス巡洋艦エクゼターは、昭和十四年、南米ラプラタ河口沖でイギリス艦隊に包囲され自沈したドイツ小型戦艦シュペー号攻撃に加

わっていた。そのため「シュペー号の仇を討った」ということで、海戦の規模は小さかったが、俗受けのする内容に、宣伝価値があったのであろう。

ちなみに、ドイツの小型戦艦アドミラル・グラーフ・シュペー号は、第二次大戦初頭、イギリス海軍の警戒線を突破して、単独で大西洋に進出し、敵性商船をつぎつぎに撃沈して、連合国をふるえ上がらせた。昭和十四年十二月、これを追うエクゼター、アジャックス等のイギリス艦隊と砲戦を行ない、傷ついて南米モンテヴィデオ港に退避したが、英艦隊に包囲され、結局ラプラタ河口沖で自沈、ラングスドルフ艦長はピストル自決した。

珊瑚海海戦

海軍はこのときすでに五月上旬に実施することになっていたニューギニアのポートモレスビー攻略作戦(MO作戦という秘匿名のツラギ、モレスビー攻略作戦)を抱えていた。

このMO作戦は、外郭要地作戦の手はじめとして実施された。第四艦隊司令長官井上成美中将の指揮する攻略部隊は、連合艦隊から増勢された機動部隊と第六戦隊を合わせ、空母二、改装空母一、巡洋艦九、駆逐艦十五、小艦艇多数と、陸戦隊、基地攻

略部隊、ポートモレスビー攻略部隊である陸軍南海支隊の輸送船十四隻からなってい
た。

五月三日、ツラギ（ソロモン群島）攻略は計画どおり成功したが、ポートモレス
ビー（ニューギニア）攻略部隊は五月七日、珊瑚海で米海軍機動部隊と遭遇し、翌八
日わが機動部隊は敵機動部隊との海戦（珊瑚海海戦）により米空母二隻を撃沈したと
信ぜられる致命的な打撃を与え、さらに大型艦二隻に損傷を与えて撃退したが、わが
方も軽空母「祥鳳」を失い、空母「翔鶴」のほかに小艦艇四隻の損害を受けた。

昭和十五年から昭和十六年十二月八日の開戦にかけて、戦線が大陸に限られていた
ので、報道部の発表は陸軍が主役であったが、十二月八日を幕あけとして、この珊瑚
海海戦、ミッドウェー海戦、ソロモン海戦と、海軍報道部は悲喜両面で主役にひき出
されることになった。

さて、その珊瑚海海戦について、大本営海軍部は報道部を通じて、また各新聞はこ
の報道部発表を受けて、どんな形で国民の前に発表しただろうか。

昭和十七年五月九日の各新聞のトップ見出しは「米英の戦艦、空母四隻を撃滅」
「サラトガ、ヨークタウン、カリフォルニアを轟撃沈」「米の空母集団潰滅に瀕す」と
はなやかなもので、さらに昭和十七年六月六日の第三面には、「珊瑚海に高し、海鷲

の凱歌」「戦史に燦、海空死闘の全貌」「三重の弾幕に火の魂の突入、先陣切って隊長機まで自爆」といった見出しにはじまるにぎやかな紙面づくりとなった。たとえば、次のようなものである。

「四、五月は勝利の月である。我等は全面的攻勢に出でん」というルーズベルトの豪語を裏づけるごとく、米艦隊を中心に英豪艦隊を交えた反枢軸国連合艦隊の主力は、開戦以来の頽勢と国内の悲観的世論を一気に挽回すべく、堂々の陣型を整えて出撃して来たのである。日本の交通線の破壊と裏南洋のわが前進基地の奪回を目指して、珊瑚海上を彷徨すること四日、ついに帝国海軍航空部隊に発見され、戦艦一、航空母艦二、駆逐艦一を瞬時にして失い、戦艦一、甲巡二、給油艦一は大破し、残余は算を乱して潰走、ここにその反撃企図は全く挫折し去ったということになるのである、たしかにこの海戦において示された帝国海軍航空部隊の活躍は、近代海戦史上に特記されるべきものであるのかもしれない。しかも、この海戦に参加した海軍航空部隊の輝かしい戦果は、いち早く上聞に達し、かしこくも勅語を賜わるの光栄に浴した、ということになるのである。

しかし、現地軍よりの報告では油槽船ネオショーを空母と見まちがえ、重巡を戦艦と見まちがえたフシがある。米軍側もまた日本艦艇十七〜二十二隻を撃沈破と発表し、空母レキシントンの喪失はミッドウェー海戦のあとまで発表しなかった。どちらの発表も狐と狸の化かしあいのようなものである。

この海戦に参加した海軍報道班員は次のような報告をよせている。

敵艦見ゆ、決死の出発

裏南洋の最前進基地○○の飛行場にずらりと並んだわが攻撃機は清澄な夜明けの空気を震わせて快いエンジンの音をたてていた。「来たれ、戦わん」（これは海軍報道部平出課長の使った名文句だった）五月七日の早朝の○○基地の情景である。

敵の大機動部隊が珊瑚海に現われたという報せは、昨日既に入っていた。だが、わが攻撃隊は満を持してじっと動かなかった。敵の動きが的確なものとなるまでは、決して発動しないという必殺の一撃の構えである。索敵機は八方にとび、敵の動きを追及しつつ、一日が暮れた。攻撃隊の指揮官は夜遅くまで分隊長たちと作戦を練っていた。焦らだたしいような一夜が明けると、索敵機は夜の引き明けを待ち切れぬように、薄明の基地を飛び立って行った。指揮所では何時でも飛び立てるように飛行服に身を固めた分隊士たちが、司令を囲んで、索敵機からの第一報を待ちわびていた。

七時五分、電信兵が受信したばかりの電報を読み上げる声がした。

「敵らしきもの見ゆ。ロッセル島の南八二カイリ」

サッと激しい緊張が指揮所内を流れた。

「出動用意」

続いて、司令が断乎たる口調で命令した。

「攻撃の実施は冷静沈着、独力を以て敵の殲滅を期せよ」

短い決意にみちた司令の訓辞に答えて、整列を終わった攻撃隊の全員は、鋭い眼差しに必勝の気魄をこめて、無言の訣別を送るのだった。かくて決死の雷撃隊は爆音高らかに勇躍基地を出発して行った。続いて爆撃隊の大編隊も次々と離陸を開始した。

数分の後には胴体深く魚雷を抱いた編隊は南へ南へと快翔を続けていた。行く手を見ると、遙かに巨大な真っ黒な積乱雲が拡がり、物凄いスコールが雲の下から海面まで、幕のように視界を遮っていた。

七時四十分、「敵機動部隊の位置はバニート島の東南一六五カイリ」という電報が入った。敵艦隊は相当なスピードで西へ向けて走っているらしい。編隊はちょうど積乱雲の上空にさしかかっていた。眼下には雲海がしなく拡がっている。八時、更に敵艦隊の位置は、バニート島一三〇カイリに進んだことが報じられた。我が編隊は漸く雲海を通り越した。すると、行く手には雲一つない快晴の海が、深い碧をたたえて拡がり、急に視界が開けた。

続いて、触接機の無電が、「敵の位置、バニートの真南、一〇五カイリ、針路一八〇度速カ二〇ノット」と慌ただしく報じてきた。

先頭の一番機の中で、航空図の上に刻々に変わってゆく敵の進路をコンパスで追い続けていた指揮官は、この時ハッと顔を上げた。そして「南下している。逃げてるな」と呟いた。敵艦隊の足取りは、大きな「ジグザグ運動」を描いている。我が触接機につけられた敵は、この触接を振り放すべく、全速でこの奇妙な進み方をしているのだろう。指揮官は敵の行動をこう判断した。九時三十分「敵針三〇〇度」と短い電報が入った。敵艦は再び西北へグーッと針路を変えたのだ。

「よし、東から廻って探そう」指揮官は突差にこう決心した。同時に「全員配置につけ」の信号ベルがジージーと機内に鳴り響いた。編隊はちょうどダグラ島の上で大きく旋回した。雲下は激しいスコールだった。窓ガラスを叩く雨脚の激しさは視界一面を濛々と煙らせ、僚機の位置も分からなくなる程だった。編隊飛行で最も苦しい最も困難なスコール下の飛行が始まった。高度をとると、編隊はすぐ分厚い雲の中に突っ込む。これはスコールに打たれて飛ぶより遙かに危険だ。だがスコールから逃れようとすれば、グーッと進路を変えなければならない。これは、全速で逃げて行く敵との距離をますます大きくするばかりだ。進路を変えることは許されない。このまま遮二無二突っ切って進むのだ。編隊はスコールにたたかれながら、ひたむきに突き進むのだった。偵察員も機銃手も悪い視界をすかして、射るような視線を数百メートル下の海面に走らせている。海上はスコールで灰色に煙り、大きな白い波頭が無数に走っていた。じっと見つめていると、ふとそれが航跡に見えた。偵察訓練で見たあの白い真っ直ぐな航跡が網膜一杯にじーっと拡がってゆくような気がした。

「敵艦の航跡だ」一番機はこのとき、軽快な燕のように身を沈めたかと思うと、ぐーっと雲の下に出た。編隊がそれに続いた。その途端、編隊のすぐ横にパッパッパッと黒い高角砲の砲煙が揚がった。

この敵高角砲のお出迎えを見つつ、十二時三十分雷撃隊は前の大きな積乱雲の中で隊形をととのえ、指揮官機を先頭に敵艦隊めがけて一気に突っ込んだ。

先頭に駆逐艦三隻の直衛を配した戦艦二隻と甲巡二隻が二列に並び、その後に駆逐艦二隻が追尾している。見事な警戒航行序列だ。速力は全速に近い高速だった。

雷撃隊の列機が最後の雲塊から出た時、敵艦列はもう眼前に迫っていた。

隊長機は白と黒の波型の迷彩を施した敵一番艦の横腹めがけて突進して行った。その瞬間、その前方にパーッと一面赤褐色の閃光が走り、海上には飛行機の高度すれすれに、三〇〇メートルくらいの幅の赤黒い弾幕で覆われてしまった。弾幕の下で五、六本大きな水柱が上っていた。敵主力艦は突っ込んで来る我が雷撃機に向かって、一五インチ、一四インチの主砲、六インチ、五インチの副砲をはじめ、装備したあらゆる火砲が火を吐き、三重、四重の分厚い弾幕を作って荒れ狂った。雷撃隊の全機はいま、不死鳥のように、第一、第二の弾幕の真っ只中を、物凄いスピードで突き抜けて、砲弾の炸裂で中はまだ燃えているかと思われる第三の弾幕の中に突っ込んでいった。先頭を切って隊長機がまっしぐらに最後の弾幕へ殺到したとき「アッ！」と続く僚機の誰もが叫んだ。隊長機の巨大な胴体がボッと火を噴いたと思うと、大きな火の塊が弾幕を斜に切って海上に突っ込んで行った。一メートルくらいの火柱が突きさって すぐ消えた。海上にはもう何も見えなかった。隊長機の自爆で一番艦への狙いが狂った後続機は、そのまますぐ青みの勝ったどす黒いたくましい姿の二番艦めがけて魚雷を発射すると、艦橋すれすれに突き切った。振り返るとすぐ続いていた二機が魚雷発射後真っ赤な火の玉となって海中に突っ込んで行った。敵の射ち出す火箭（ひや）が行く手の空間一杯に縦横に交錯している。海面はブスブスと泡立ち黄褐色の硝煙が激しくわきたっていた。

敵艦はしばしば変針して、我が雷撃を避けるのに懸命だった。先頭の艦に狙いをかけると、その艦は大きく回避し、正面に向かって進んで来た。次に続く僚機は二番艦へ魚雷を発射した。この時一番艦の左舷中央にすさまじい水柱が二本上った。二番艦を雷撃した僚機も、一番艦の後部マストにひるがえっていた米国旗めがけて突っ込んだ。間もなく、一番艦の舷側に大きな水柱が三本たて続けに上ったかと思うと、三万二〇〇〇トンの巨体は焔の海上をのたうち、一瞬の後に艦首を海上へ突き立てて海底に沈んで行った。戦艦カリフォルニアの最期である。時に十二時四十一分だった。

雷撃隊の一隊は、逃げ惑う三番艦甲巡キャンベラ型（九八五〇トン）に魚雷を集中した。大きな水柱が上ったかと思うと、三番艦は大きく傾斜し、見る見るうちに速力が落ちて行った。わずか一三分ですべては終わった。

戦場を斜に飛び越えながら振り返ると、三万一〇〇〇トンの戦艦ウォスバイト型の舷側にも大きな水柱が一本、轟然と上るのが見えた。雷撃隊にかわって爆撃隊はウォスバイト型戦艦にとどめを刺し、ポートランド型（九〇五〇トン）甲巡にも直撃弾二発を命中させた。艦上攻撃隊は空母サラトガ型（三万三〇〇〇トン）と空母ヨークタウン（一万九九〇〇トン）の甲板を蜂の巣のようにし、火だるまにした。

数刻の後、海上にはいろいろな浮遊物が濃い油とともに流れていた。その上を南国特有のスコールが猛烈な雨脚で海面を洗いながら通りすぎて行った。かくて二日間にわたる海空の死闘は終わった。

この日の戦果は、航空母艦サラトガ型（レキシントン）とヨークタウン型、駆逐艦各一撃沈、甲巡二大破、飛行機九十八機を撃墜したほか、二万トン級大型給油艦を大破と大本営は発表し、敵の五月攻勢は、我が無敵攻撃の前に、あまりにも高価な代償を払って瓦解し去った、と日本の全面的勝利のようによそおったが、米軍側の発表との間には、相当のくい違いがあった。日本が空母「祥鳳」を失ったことは、米側がヨークタウン（実は小破、三日間で修理してミッドウェー海戦には参加）、レキシントンを失ったことよりも、重大な損害だったといえないことはなかった。それにもまして考えねばならぬのは、この海戦が起こったことによって、海上からのポートモレスビー攻略を一時中止しなければならなくなったことであった。いわば米軍は、日本軍の攻勢に歯どめをかけることに成功したのである。

多数の反対を押し切って、日米不戦の伝統を破り、パール・ハーバーの奇襲に成功したことから、連合艦隊の山本五十六司令長官は、国民的英雄になっていた。しかし、珊瑚海の海戦により、挫折を経験しなければならなくなった海軍は、米豪間の海上交通路遮断のかわりに、ミッドウェーと西部アリューシャン攻撃の作戦案を出してきた。

去る四月十八日の東京空襲に狼狽した軍首脳は、再び空襲を受ける恐れをとり除いて、軍の威信を回復しなければならない窮地に陥っていた。

ミッドウェー攻撃を強引に主張したのは、山本五十六長官だったという。山本はドリトルの東京初空襲を許したことに責任を感じていたにちがいない。永野修身軍令部総長を口説きおとし、永野は山本のあとおしをうけて、陸軍が協力をしぶるなら海軍は独自でもやる、と参謀総長杉山元をつきあげた。杉山は杉山で、せいぜい歩兵一個連隊程度の協力でよいのだから、という最後の切り札に説得されてしまった。

珊瑚海海戦の戦果については、間接的に、しかも時期遅れのものを知るしかなかった陸軍報道部は、完全に蚊帳の外にいた。ミッドウェーに一木支隊を派遣することだけが耳に入ってきたので、陸軍報道部としては、どうしてこうなったのかさえ不明で、話し合う根拠さえなく、いつものとおり「聞かされる」だけの立場にとどめおかれた。

ミッドウェー攻略のために協力することになった陸軍部隊は、一木清直陸軍大佐の指揮する約三千名と決まっていた。この部隊は、ミッドウェー作戦の失敗によって、行く先がなくなり、八月になってガダルカナルの対米上陸作戦に急遽投入され、八月二十一日夜、先遣隊八百名が米軍部隊に対して夜襲を行ない、死傷続出、軍旗を焼き、指揮官は自決した。一木支隊の第二梯団は、八月二十八日の夜、夜襲を行ないこれも全滅した。

ガダルカナル島における一木支隊の全滅によって、戦争の前途に一抹の不安が感じられた。

この時期になってくると、「はたして報道部はこのままでよいのか」という自省が部内に生まれたが、「ではどうすればよいのか」という対策を講ずることのできる立場でなかった。昭和十七年四月十八日、東京を空襲した米軍機は、東部軍発表によれば、九機が撃墜されたことになっているが、その後の調査により、計画どおり全機が中国軍の飛行場に向かい、不時着機の八名をのぞいてすべて生還したことがわかってきた。「撃墜したのは九機ではなくて、空気だ」という皮肉が巷間にとびかっていた。そこで大本営陸軍部は、将来この種の米軍の作戦を封ずるため、中支方面にある麗水、贛州、玉山などの飛行場を攻略する浙贛作戦を、五月十五日からはじめ、七月中旬には、これらの飛行場の大部分が日本軍の手に落ちた。

考えてみれば、四月十八日の東京空襲は、日本側の地上での損害は軽微であったかもしれないが、陸軍ではこの浙贛作戦から、一木支隊のガダルカナル島における全滅、そしてアッツ島玉砕にまでつながっているわけで、海軍では珊瑚海海戦、ミッドウェー海空戦と続き、さらにソロモン海域の数次の海戦に追いこまれたのであった。

アメリカ側のルイ・モルトンの公刊戦史によれば「日米戦勢の逆転……今や日本は戦略的守勢に立つ以外に方法がなくなった。勝利の潮流は逆転したのである。工業力の競争で米国に勝てるはずのない日本は、これで終焉への道を歩むだけとなった」といっている。このとき、日本の大本営にそれだけの認識があったかどうか、疑わしいものである。

昭和十五年、日米がまだ開戦にいたっていなかったころ、当時まだ五十五歳だった連合艦隊司令長官山本五十六が、「米国と戦うよう命ぜられれば、撃っては逃げる戦法で半年や一年はもつだろうが、やがて米海軍が強化され、最後の勝利を得るまで、戦い続けることは困難であろう」と述べたことがある。日米開戦を避けたかった海軍が、御前会議で天皇と陸軍からその決断をせまられ、ついに開戦にふみきらざるをえなかった苦悩のうかがえる言葉であった。また後になって、三川艦隊がソロモン海域の海戦に出かけるとき、永野軍令部総長は三川軍一中将にむかって、「日本海軍はアメリカの海軍とは違う。一隻失えば、補充には何年もかかるのだからな」といったことが思い出される

この重大な分岐点となったミッドウェーの海戦について述べておこう。

ミッドウェー海戦

ハワイ奇襲作戦終了後、連合艦隊司令部は瀬戸内海の柱島泊地で全般の作戦指導にあたり、南方攻略作戦の一段落と、四月のインド洋機動作戦の終了にともない、連合艦隊水上部隊の決戦兵力は瀬戸内海西部に集結し、基地航空部隊の大部分は太平洋東正面に配備され、次期作戦の準備を進めていた。

大本営海軍部は、昭和十七年五月五日、山本連合艦隊司令長官に対し、陸軍と協力してミッドウェーおよびアリューシャン西部要地の攻略実施を命令した。ミッドウェー占領部隊は、先にのべた陸軍の一木支隊と海軍第二艦隊特別陸戦隊（大田実大佐の指揮する約二千八百名）で、輸送船十六隻に分乗し、五月二十八日夕刻サイパンを出港、六月七日を期してミッドウェー島に上陸作戦を敢行する予定であった。

各隊は五月中、下旬、瀬戸内海から分離行動し、輸送船をともなう攻略部隊はサイパンに集結、態勢をととのえてミッドウェーに向かった。六月五日未明、わが機動部隊は予定計画に従って、第一次攻撃隊をもって米軍陸上基地の空襲に向かった。かねてから日本艦隊の来攻を待ち受けていた米軍の機動部隊および陸上機は、その全力をあげて邀撃し、ここにかつてないはげしい海空戦が展開された。

海軍潜水艦隊司令長官山崎重暉中将は、ミッドウェー攻撃当時の日本艦隊の編成について、次のように書きのこしている。

珊瑚海海戦に参加した兵力のうち、「翔鶴」は損傷のため、「祥鳳」は沈没により作戦に使用できなくなり、「瑞鶴」、第五戦隊も参加が遅れることとなった。これがため、所要の兵力部署の訂正を行ない、最終的なミッドウェー参加兵力は次のように決定された。

主力部隊（指揮官　山本五十六連合艦隊司令長官）
　主隊（連合艦隊司令長官直率）
　　第一戦隊（戦艦「大和」「長門」「陸奥」）
　　第三水雷戦隊の軽巡「川内」、駆逐艦八隻、水上機母艦「千代田」、駆逐艦「夕風」、小型空母「鳳翔」
　警戒部隊（指揮官　第一艦隊司令長官高須四郎中将）
　　第二戦隊（戦艦「伊勢」「日向」「扶桑」「山城」）
　　第九戦隊（軽巡「北上」「大井」）
　　第一水雷戦隊の駆逐艦八隻
　　第三水雷戦隊の駆逐艦四隻

その他
攻略部隊（指揮官　第二艦隊司令長官近藤信竹中将）
　第二艦隊
　　第四戦隊第一小隊（重巡「愛宕」「鳥海」）
　　第五戦隊（重巡「羽黒」「妙高」）
　　第七戦隊（重巡「最上」「三隈」「鈴谷」「熊野」）
　　第二水雷戦隊（軽巡「神通」、駆逐艦十五隻）
　　第四水雷戦隊（軽巡「由良」、駆逐艦五隻）
　　第三戦隊第一小隊（戦艦「金剛」「比叡」）
　　航空母艦「瑞鳳」、第十一航空戦隊（水上機母艦「千歳」「神川丸」）、その他
機動部隊（指揮官　第一航空艦隊司令長官南雲忠一中将）……第一機動部隊
　第一航空艦隊
　　第一航空戦隊（航空母艦「赤城」「加賀」）
　　第二航空戦隊（航空母艦「蒼龍」「飛龍」）
　　第十戦隊（軽巡「長良」、駆逐艦八隻）
　　第三戦隊第二小隊（戦艦「榛名」「霧島」）

第八戦隊（重巡「利根」「筑摩」）
第四水雷戦隊の駆逐艦四隻
先遣部隊（指揮官　第六艦隊司令長官小松輝久中将）
第六艦隊
第三潜水戦隊　替水艦七隻
第十三潜水戦隊　潜水艦三隻
第五潜水戦隊　潜水艦八隻
北方部隊（指揮官　第五艦隊司令長官細萱戊四郎中将）
第五艦隊
第二十一戦隊（軽巡「多摩」「木曾」）
重巡「那智」
第二十二戦隊（特設巡洋艦三隻）
その他
第四航空戦隊（航空母艦「龍驤」「隼鷹」）……第二機動部隊
第四戦隊第二小隊（重巡「高雄」「摩耶」）
第七駆逐隊（駆逐艦三隻）

第一潜水戦隊（潜水艦六隻）
南洋部隊（指揮官　第四艦隊司令長官井上成美中将）
第四艦隊基幹
基地航空部隊（指揮官　第十一航空艦隊司令長官塚原二四三中将）
第十一航空艦隊
その他に南方部隊（南西方面）、通信部隊などが部署されていた

これを迎え討つアメリカ艦隊の編成は、次のようなものであった。

総指揮官C・W・ニミッツ海軍大将（太平洋艦隊司令長官）
一、母艦攻撃部隊　指揮官フレッチャー海軍少将
第十七機動部隊
空母ヨークタウン、重巡アストリア、ポートランド、駆逐艦六
第十六機動部隊（指揮官R・A・スプルアンス少将）
空母エンタープライズ、ホーネット、重巡ニューオリンズ、ミネアポリス、ウィンセンズ、ノーザンプトン、ペンサコーラ、軽巡アトランタ。駆逐艦十一、

油槽船二

二、潜水部隊　指揮官イングリッシュ海軍少将

第七任務部隊

ミッドウェー方面哨戒隊　潜水艦十二

遊撃隊　潜水艦三

オアフ北方哨戒隊　潜水艦四

三、基地航空部隊　指揮官シマード海軍大佐

海軍　ＰＯＹ5、5Ａ、カタリーナ飛行艇三二機、ＬＢＹ六機

海兵　Ｆ2Ｆ（二十機）、Ｆ4Ｆ（七機）、ＳＢ2Ｕ3（十一機）、ＳＢＯ2（十六機）

陸軍　Ｂ26（四機）、Ｂ17（十九機）

私（筆者）は陸軍の軍人である。しかし、この帝国海軍の偉容を紙上に見て、荒浪を蹴って進む艦隊の大縦陣、海の藍に映えて、ちぎれんばかりにはためく大軍艦旗、目をとじると、あのころの勇壮な軍艦行進曲が耳にひびいてくる。

しかし、昭和十七年六月四日から五日にかけて行なわれたミッドウェー沖海空戦に

おいて、かつて世界に誇った帝国海軍は、その連合艦隊の中核である第一航空艦隊の大型空母「翔鶴」「瑞鶴」などの四隻を残すのみとなった。その上、ハワイ奇襲以来の百戦錬磨の老練パイロットの、その大半を失ってしまったことは、千載の悔いとして残った。

ミッドウェー作戦の海軍軍令部案は、ソロモン諸島に進出して、アメリカ・オーストラリア間を遮断する戦略態勢をとり、ここに米艦隊を誘致して決戦に導こうとするものであったが、山本五十六案は軍令部案をはるかに越えた直接攻撃案で、米艦隊にミッドウェー沖の決戦を強要するものであった。その確乎たる自信に、軍令部総長としても、実戦部隊主将の案を承知せざるを得なかったのだろう。

しかし参加部隊の指揮官たちは、異口同音に「わが方に大きな油断があった。よもや米艦隊が待ち構えていようとは予期しなかった。またアリューシャン作戦のため、艦隊兵力の一部を割いたことは、作戦の第一歩から、基本的な過誤ともいうべき兵力分散の愚をあえてしたことになる。ミッドウェー作戦では、日本海軍が営々三十年にわたって研究演練した邀撃作戦を先制攻撃作戦にかえ、結局米軍の陸上基地部隊にしてやられる結果となった」と語っている。

考えさせられるところの多い率直な感想というべきであろう。それというのも、すべては、ドリトルによる東京初空襲に狼狽した最高首脳部の冷静を欠いた対応が、現場司令官の肩に重くのしかかっていたのではなかったろうか。

防衛庁戦史室の公刊戦史によると、この海戦で日本海軍は航空母艦四隻（加賀、赤城、蒼龍、飛龍）をその搭載機三百二十二機とともに失い、巡洋艦「三隈」と「最上」を犠牲にしたのに対し、米側は空母ヨークタウンと駆逐艦ハマンを失ったにすぎなかった。

六月七日ころ、大本営では、ミッドウェー海戦について日本側現地から何の報告もなく、一方、米側のサンフランシスコ短波放送の、アメリカ海軍がミッドウェーで大戦果をあげたという知らせを聞いていた。その陽気な女性アナウンサーの声は、大本営部内の何かおおいがたい暗さをだんだんと拡げていった。しかも、このアナウンスは、日本側の参加部隊名と撃沈した空母の中に「ヒリュー」の名をあげていた。そうなると、これがいつもの宣伝放送ではないことがわかってきた。

陸海軍首脳部は動揺をかくせなかった。その空気が報道部にも伝わり、部屋全体に重苦しさがただよったことは争えない事実であるが、何のすべもほどこすことができなかった。

元大本営参謀戦争指導班長種村佐孝著『大本営機密日誌』によれば、昭和十七年六月七日のところに、「六月五日からミッドウェーとアリューシャン方面に陸海軍部隊が出撃しているはずであるが、現地からの報告はない。海外からの放送によれば、米国はミッドウェーで大勝利を得たように盛んに宣伝している。部内には憂愁蔽い難いものがある」。

また同年六月十一日には、「ミッドウェーとアリューシャンのわが戦果について、今までなぜか沈黙を護っていた大本営海軍部は始めてミッドウェーの戦果を発表し、きょうの新聞は一斉に、その米軍に与えた大戦果の記事で紙面を飾っている。ところがあにはからんや、ミッドウェーではわが海軍は外電の報ずるような大敗北を喫していたのである」。

アメリカ側の海軍公刊海戦史に出てくる戦果に較べて、その差の大きいのに驚く。知らせぬは当局者、知らぬは国民（報道部員を含む）のみである。敢えて死児の齢（よわい）を算えるわけではないが、最高統帥部の考えねばならぬことは、作戦目的に対する深い考案である。ミッドウェー、アリューシャン作戦の目的は、全く不明瞭なものであった。海軍に引きずられて、これに同意した陸軍統帥部もまた、大いに反省すべきである。かくして米豪分断の大目的を有するいわゆるＦＳ作戦は中止に踏み切らざるを得なくなった。

ミッドウェーに関する大本営海軍部の発表には、どこかにカゲがあった。一ヵ月前の珊瑚海海戦のような（この海戦も厳密にいって敗戦の第一歩である）派手やかさがない。うまうまと国民をだましたつもりでも、国民の中にはミッドウェー海戦の成果に、何らか疑念をもつ有識者も少なくなかった。

こうした無形の重圧に堪えかねたのか、時期的にいってもあまり効果のない昭和十七年七月二十日、海の記念日に、大本営海軍報道部課長平出大佐は「海洋精神とミッドウェー海戦」と題して、ＪＯＡＫから全国放送を行なった。その中で、平出大佐は、ミッドウェー海戦について、わざわざふれておきながら、考えようによっては、かえって罪の上塗りをしたようなところがあった。

話は、次のような一見堂々としたものであった。

「ところで、この機会に、ミッドウェー海戦につき、いまだ発表されていない点もあるので、一言申しそえたい。ご承知のとおり、わが海軍部隊は、六月五日、ミッドウェーを急襲し、残存アメリカ航空母艦群に猛攻を加え、エンタープライズ型一隻、ホーネット型一隻のほか、甲巡一隻、潜水艦一隻を撃沈し、同島所在の残存航空力のほとんど全部を潰滅状態におちいらしめたが、ミッドウェー海戦は、アリューシャン作戦とともにアメリカの残存海上兵力をアメリカ本土に圧迫し、わが太平洋作戦の転換を画したところに大きな意義がある。また一面、アメリカ太平洋作戦の根幹をなす航空母艦を潰滅したことは、太平洋におけるアメリカの戦力を決定的に低下させたものであって、アメリカがいかにデマ宣伝をしようとも、わが方の圧倒的勝利ということの厳たる事実は否定すべくもない。

さて、この日の戦闘状況はいかにというと、同島付近の海域は、東南東の風強く、特有の長いうねりは艦艇を大きくゆすり、雨こそ降らぬが厚い雲の層は二千メートルの上空にたちこめていた。わが海軍部隊は、求敵必滅の意気に燃えたっていた。午前九時（日本時間）には、わが艦上機は母艦から次々と発進した。

午前十一時四十分、索敵機から、『巡洋艦五隻とエンタープライズ型空母一隻からなるアメリカ艦隊が、ミッドウェー北方〇〇カイリを北上中』との快報がもたらされた。ただちにわが母艦からは待機中の艦上機が勇躍とびたった。その後、ホーネット型空母も発見されたのであるが、ホーネット型は、巡洋艦五隻、駆逐艦十二隻に護衛され、両艦とも堂々たる輪型陣をもって進航しつつあった。したがってこれらがいっせいに射ち出す防空弾幕は、いかばかりかと想像されるのであるが、攻撃に参加した勇士の話では「スコールを逆さにしたようだった』ということである。しかし、わが必殺の攻撃に狂いはない。

まずエンタープライズ型に猛攻が加えられた。同艦はただちに戦闘機を放ち、弾幕を張りながら、三十余ノットの速力で必死の逃走を企てたが、第一弾を受けて早くも飛行甲板より煙を吐き、やがて命中弾六弾によって、全艦大火災に包まれながら、海中に没し去った。エンタープライズが撃沈されてから二時間半にして、ホーネット型を発見、直ちに攻撃が集中され、合計三発の魚雷をくらわせて、ホーネット型はみるみる左舷に大傾斜した。しかし、この日の空戦はこれで終わり、翌々七日午後、わが部隊はハワイ目指して必死の遁走を試みるホーネット型を再び捕捉し、潜水艦によって、最後のとどめをさした。ハワイ海戦以来、闘志満々たるわが海軍の伝統は、本海戦においてもいかんなく発揮された。

ホーネット型を攻撃したわが飛行機群の指揮官は、敵に致命的な攻撃を加えた上、わが身もろとも、敵の艦橋めがけて壮烈な自爆をとげている。この指揮官は、この日早朝、部下を指揮して、ミッドウェー島を爆撃、目的を果たして帰還したが、この時すでに『敵航空母艦発見』の報が入っていた。一刻も猶予はできない。しかも残念なことには指揮官機以下敵弾によって相当の損傷を受け、当然修理すべき状態にあった。だが、敵を逃がしてはならぬ。指揮官はただちに新しく魚雷を積みこみ、再び部下の編隊をひきつれて飛び立った。したがって攻撃中もタンクからはガソリンが洩れ、破られた翼は操縦も困難だったことと思われる。しかし、ただ『敵撃滅』に燃える決意の前には、これしきのことはものの数ではなかった。目的を達した上、敢然自爆したが、指揮官機同様、既に傷ついていた部下の各機が、指揮官機のあとを追って自爆したことはいうまでもない。

この魂のこもる必殺の猛攻が、あの輝かしい成功を収めたことを忘れてはならぬ。この『撃滅せずばやまず』の一念で敵艦に自爆した勇士たちこそ、日本武士道の華、その誠忠は、万古不易の香りを戦史に留めるものであろう」

ＦＳ作戦とガダルカナル

ガダルカナル島（あとでこの島のことを飢餓の為または餓島と呼んだ。日本軍は結局この島を放棄して撤退することになった）は日本本土から南東七千余キロ、マーシャル諸島の東五千キロの南溟の孤島にすぎないが、昭和十七年七月六日（くしくも二年後のこの日サイパン島で南雲提督、斎藤中将、井桁少将が自決した）、日本海軍が飛行場設営をはじめてから、にわかに脚光を浴びる島となった。

太平洋戦争の潮流を変えた、ミッドウェー海戦により、日本大本営は「米豪分断作戦（ＦＳ作戦）」を中止しなくてはならぬ破目におちいったが、決して、あきらめてしまったわけではなかった。今はただ一つ残された最南端の基地ガダルカナル島こそ、その拠点であると考えていた。

連合国側もまた決してこれを傍観してはいなかった。同島に日本軍の飛行場ができあがった八月七日、戦略兵団（海兵隊一コ師団一万、すぐ数コ師団四万を追送）を機動部隊援護のもとに上陸させ、日本軍の棄てきれない野望に対して本格的な反攻を開始した。こうして、ガダルカナル島争奪の前哨戦である海空戦が、ソロモン海域で何回も何回もくりひろげられることになるのだが、これには連合軍側も率直にその敗戦を認める海戦もあった。そのため、うかつにも日本大本営は、「連合軍側ノ大規模攻勢ヲ企図シ得ベキ時機ハ概ネ昭和十八年以降ナルベシ」という昭和十七年三月九日開催の大本営政府会議における世界情勢判断に、変更を加える必要なし、と考えていた。

ここで「昭和十八年以降ナルベシ」の判断を下した理由は、「連合国側ノ物的戦力ハ膨大ナランモ、米英特ニ米ノ政治経済機構ハ今尚国家総力戦ニ必要ナル臨戦態勢ヲ整備シ居ラズ、之が確立ニハ今後幾多ノ摩擦紛糾ヲ生ズベシ」「米ノ海上輸送能力ハ、国力ニ比シ、貧弱ニシテ、援英ニ徹底シ得ズ」「米英国民ハ生活程度高ク、之ガ低下ハ、其ノ頗ル苦痛トスルトコロニシテ、戦捷ノ希望ナキ戦争ハ社会不安ヲ醸成シ、一般ニ士気ノ衰弱ヲ招来スベシ……」というのである。

何という甘い見通しであろう。これが経済界ならば、たとえ小さな企業の経営者でも、競争会社に対する判断は、もっときびしいものがあるだろう。国という大組織の経営者が、この程度の甘い認識で国の方針をきめていたなら、その国は亡びるのが当然である。経済学や外国文化を理由もなくバカにしてきた日本軍の精神的風土にこそ、すべての敗因があったというべきである。

当時、私は大本営の戦争指導という重責についていたわけではなかった。一報道部員として、上部からおりてきた戦況を国民に伝える拡声機に過ぎなかった。しかし、そうしたごく平均的な一般職業軍人としても、この判断理由を通読して「甘い、甘い」と感じたことはいなめない。

第四章　南海の死闘

ソロモン海戦

アメリカの作家ジョン・トーランド（一九七一年度、ピュリツァー賞受賞）は、この一連の海戦（ソロモン海戦）をその著『大日本帝国の興亡』全五巻の第三巻『死の島々』で、次のように区分している。海戦名の後にカッコで囲んであるのは日本側での呼称で、以下記述する大本営発表の海戦名と米軍側の海戦名と呼称が異なっている。

一、昭和十七年（一九四二）八月七日～九日　サボ島海戦（第一次ソロモン海戦）

二、昭和十七年（一九四二）八月二十五日　東部ソロモン海戦（第二次ソロモン海戦）

三、昭和十七年（一九四二）十月十一日　エスペランス岬海戦（サボ島沖夜戦）

四、昭和十七年（一九四一）十月二十五、二十六日　サンタクルス海戦（南太平洋海戦）
五、昭和十七年（一九四二）十一月十二日〜十五日　ガダルカナル海戦（第三次ソロモン海戦）
六、昭和十七年（一九四二）十一月三十日　ルンガ沖夜戦
七、昭和十八年（一九四三）一月二十九日　レンネル島沖夜戦
八、昭和十八年（一九四三）二月一日〜七日　イサベル島沖海戦

〔大本営発表＝十四日午後三時三十分〕八月十四日までに判明せるソロモン海戦の総合結果左の如し。

(1)、撃沈艦船　▽米甲巡ウィチタ型一隻（旗艦）▽米甲巡アストリア型五隻（内一隻旗艦、内一隻轟沈）▽英甲巡オーストラリヤ型二隻（内一隻轟沈）▽英甲巡艦型未詳一隻（轟沈）▽英乙巡アキリーズ型一隻　▽米乙巡オマハ型一隻　▽乙巡艦型未詳　▽駆逐艦九隻　▽潜水艦三隻　▽輸送船一〇隻

(2)、撃破艦船　▽甲巡艦型未詳（大破）一隻　▽駆逐艦（大破）三隻　▽輸送船（大破）一隻

(3)、撃墜飛行機　▽戦闘機四九機▽戦闘兼爆撃機九機

尚本海戦における我方の損害　▽飛行機自爆四九機　▽巡洋艦二隻（軽微なる損傷を受けたるも戦闘航海に差支えなし）

（註）さきに発表せる艦型未詳の戦艦は巡洋艦アキリーズ型なりしこと判明せるに付訂正す。

ここで私の知っているかぎりの撃破敵艦の性能を記しておく。

◇米甲巡ウィチタ　一九三三年二月竣工、排水量一万トン、速力三十三ノット、二十センチ砲九門、十二・七センチ高角砲八門、魚雷発射管十二を有し、ソロモン海戦では米英艦隊の旗艦。

◇英乙巡アキリーズ　一九三三年十月竣工、排水量七千三十トン、速力三十二・五ノット、十五センチ砲八門、十センチ高角砲八門、小砲その他二十一門、五十三センチ魚雷発射管八を有し、一九三九年十二月十三日、南米モンテヴィデオ沖でスラバヤ沖海戦で日本海軍に撃沈されたエクゼターとともに、ドイツ戦艦グラーフ・シュペー号と交戦した巡洋艦。

◇米乙巡オマハ　一九二三年二月竣工、排水量七千五十トン、速力三十五ノット、

十五・二センチ砲十三門、七・六センチ高角砲四門、魚雷発射管六を有し、昭和十七年三月一日、日本海軍により撃沈されたマーブルヘッドと同型である。

この大本営発表には、二つの表がついている。

▽日時別戦果表

八月七日　撃沈　駆逐艦一。大破　駆逐艦一。撃墜敵機　戦闘機四九。戦闘兼爆撃機九。

八月八日午前　撃沈　ウィチタ型一、艦型未詳一（以上甲巡）、乙巡二、駆逐艦二、輸送船一〇。大破　艦型未詳一（甲巡）、輸送船一。

八月八日夜　撃沈　アストリア型五、オーストラリヤ型二（以上甲巡）、オマハ型一（乙巡）、駆逐艦六。大破　駆逐艦二。

八月九日　撃沈　アキリーズ型一（乙巡）。

なお右のほか戦闘期間中を通じ潜水艦三撃沈

▽艦船別撃沈破数

	撃沈	大破	計
甲巡	九	一	一〇

乙巡	四	〇	四
駆逐艦	九	三	一二
潜水艦	三	〇	三
計	二五	四	二九
輸送船	一〇	一	一一
合計	三五	五	四〇

当時の紙面は、この大戦果の意味するものを左のように解説している。

「近代海戦史においてこれだけの敵艦船を一挙に海底にほうむったことは類例がないばかりでなく、今回の海戦では敵艦隊をほとんど全滅させており、我が海軍部隊の眼を免れて逃れえたものはいくばくもなかった。この事実は、豪州方面海域の制海権が完全にわが海軍の手中に収められたことを意味し、その戦略的な意義は大きい。

さきの珊瑚海海戦で米英連合の戦艦、空母よりなる大艦隊は覆滅せられたため、豪州は軍事的危険感に悲鳴をあげている。今回の敵艦隊の出撃は、残る巡洋艦群をかり集めて輸送船団を護衛し、ソロモン群島方面の我が防備手薄なところを狙って上陸し、ここを足場としてさらに反攻態勢に出ようとしたものだろう。これが見事に失敗に終わり、かえって巡洋艦、駆逐艦を大量に失うことになった。

敵の艦隊編成を見ると、巡洋艦を旗艦とするものであり、この事実は明らかに戦艦の不足を物語っており、米海軍は、開戦以来ハワイと珊瑚海の空海戦において戦艦、空母の喪失をひたすらかくしてきたが、今回の如き、敵として最初の本格的な反攻の緒戦に戦艦を旗艦にできない事実は、敵戦艦群の我が海軍より受けた損害の大きいことを暴露したものと見ることができる。

戦前米海軍が保有していた巡洋艦は、甲巡（口径二十センチ以上の主砲を持つもの）十八隻、乙巡十九隻、合計三十七隻であった。開戦後、我が海軍により撃沈されたものは、甲巡オーガスタ（ジャワ沖海戦）、ヒューストン（スラバヤ沖海戦）、乙巡マーブルヘッド（スラバヤ沖海戦直後豪州西方洋上）、甲巡ポートランド（珊瑚海海戦）、サンフランシスコ（ミッドウェー海戦）で、艦名の判明したものだけでも甲巡四隻、乙巡一隻であり、このほかハワイ空戦で艦型不詳の巡洋艦二隻を撃沈している。米海軍が戦艦、航空母艦群に再起不能の痛手をこうむっているのにくらべると、巡洋艦群はまだしも損害が少なかったといえる。今回の敵艦隊が巡洋艦を主力としたものであったことは、太平洋方面における敵連合海軍の現勢力からみて、戦術上必然的に導き出されたものである。

この悪条件のもとに、今度の大攻勢をかけてきたことは、この戦争がさらに熾烈な様相を加えてきたというべきであって、もしこの海戦の勝利によって一段落を告げたと考える人があるなら、その思想は断乎粉砕すべきもので、敵の膨大な生産力を考えると、今後の戦局は決して楽観を許されないものがあることを銘記すべきである」

どこまで本気かは別として、相変わらず強気の大本営は、国民の眼から戦争の真実をおおいかくすばかりでなく、自らも米軍の戦力をみくびっていた節がある。それに反して、アメリカ側は（この「第一次ソロモン海戦」を「サボ島海戦」と呼んでいたが）その苦戦を率直にみとめている。まことにフランクで、さばさばしているところに好意さえ感じさせる。

サボ島海戦で戦ったアメリカ側は、機動艦隊司令長官フランク・ジャック・フレッチャー中将の指揮の下に、ツラギとガダルカナルに対して上陸作戦を行なうアレキサンダー・アーチー・バングリフト海兵少将、水陸両用部隊司令官リッチモンド・ケリー・ターナー少将、巡洋艦・駆逐艦援護部隊司令官V・A・C・クラッチレー英国海軍少将らを各指揮官として、総勢八十二隻の侵攻艦隊であった。

八月六日の日暮れ、ターナー少将の水陸両用部隊は、南からソロモン群島に接近していた。輸送艦（旗艦マッコレー）と駆逐艦兼輸送艦各四隻はツラギ島に、輸送船十五隻と貨物船はガダルカナル島に向かっていた。船団は巡洋艦八隻（うち三隻はオーストラリア海軍）と駆逐艦群に護衛されていた。そこから百六十キロ南には航空支援部隊がいた。つまり、旗艦サラトガをふくむ空母三隻、戦艦一隻、重巡五隻、駆逐艦十六隻、そして給油艦三隻である。

巡洋艦・駆逐艦援護部隊（旗艦マッコレー指揮下）の艦艇は三つに分けられて、南方部隊（巡洋艦三、駆逐艦二）をサボ島とエスペランス岬の間に、北方部隊（巡洋艦三、駆逐艦二隻）をサボ島とツラギの間に、東方部隊（軽巡二、駆逐艦二）をシーラーク海峡方面の配備につけていた。（他に早期警戒部隊として駆逐艦二）

これに対して、日本海軍は三川軍一中将を司令官として新しく編成された第八艦隊で、重巡五、軽巡二、駆逐艦一（旗艦「鳥海」。この他、「古鷹」「衣笠」「加古」「青葉」）からなる小艦隊で、数の上からいうと、米国の十六に対する日本の八であった。日本艦隊は二十六ノットの全速でセントジョージ海峡をサボ島に向かっていた。

この海戦で米側は誤認、誤判、命令の不伝達等さまざまの不利な条件が一方的に重なってきたのに反し、日本側には信じられないほどの幸運が味方をした。三川艦隊は一発も被弾することなく、わずか六分間で米軍巡洋艦、駆逐艦掩護部隊の中の南方部隊（巡洋艦三、駆逐艦二隻）をやっつけてしまうという、奇蹟にも近い離れわざをやってのけた。

　三川中将は、ラバウルにいる第十七軍の陸軍当局が、常にアメリカ陸軍の戦力を軽視し、敵が上陸しても、陸戦になればあっさり勝てると日ごろから豪語していたことを内心不満に思っていたが、それならこの貴重な艦隊の危険を賭してまで米陸上部隊（海兵隊）ののっている輸送船を沈める必要なしとの反骨精神から、輸送船には目もくれず、さっさと、ラバウルへの帰還命令を出した。陸軍も愚かな放言をして海軍のヘソを曲げさせたものである。

　だいたい、こういう強がり放言ををする武将ほど、実力はたいしたものでないことは歴史が証明している。静かなること林のごとき軍隊でなければなるまい。事実、陸軍も太平洋の各地で、このあと連戦連敗を喫することになる。三川艦隊がソロモン群島の中央にある海峡（アメリカ海軍はこの海峡をスロット〈みぞ〉と呼んでいた）をひき返しはじめてまもなく、クインシーが沈み、十五分後にはビンセンズ、アストリア、キャンベラが海底に消えた。三川艦隊の餌食となった連合軍の艦隊は、アメリカン・リージョン、ジャービス、ジョージ・F・エリオット、シカゴ、マッコレー、オーストラリア、ブルー、ラルフ・タルボト、ジャピース等艦種も多岐多様で、損害の程度も撃沈から退避までさまざまであった。この海戦はアメリカ海軍にとって屈辱的な敗北ともいえるものであった。この日、ソロモン海峡のスロットのいたるところに、冷たい雨の中を、赤黒い炎を上げながらのたうっている連合国艦船の姿があった。その後、誰いうとなくこの海を「鉄底海峡」というようになった。

アメリカでは、この敗戦をめぐって怨念と恥辱に満ちた論争がひき起こされ、珊瑚海でレキシントンを、ミッドウェーでヨークタウンを失い、今度またこの敗戦の総司令官となったフレッチャー中将に対する風当たりは強かったが、公式調査の結果、結局、誰も罰せられることにはならなかった。このあと、ニューヨークの街を、「輸送船団が三川艦隊にやられなかったのは、私が三川艦隊旗艦『鳥海』の海図室に砲弾を撃ちこんだからだ」と叫び歩く老人がいた。ボード海軍大佐の狂った姿だった。あとでボード大佐は自殺した。

「第二次ソロモン海戦」はアメリカ側では「東部ソロモン海戦」と呼んでいるが、その戦況について次のように述べている。

東京では、サボ島海戦の日本海軍の勝利のおかげで、アメリカ側のガダルカナル島奪取計画の重要性を見そこなってしまった。それにしても、日本海軍にとっては、このガダルカナル失陥は、わずらわしいことだった。海軍は陸軍に、ガダルカナル島に上陸したアメリカ海兵二千人を掃蕩することを頼んだ。ここではじめて、日本の陸海軍指導者たちが、ガダルカナル島におけるアメリカ軍の存在を真剣に考えはじめ、日本陸軍の作戦担当参謀は、ガダルカナル島奪回の計画をたて、東条首相に進言した。この進言は山本連合艦隊司令長官の全面的支持もあって、その週のうちに、ラバウルの百武晴吉将軍あて、六千名の兵力によるガダルカナル島の掃蕩を、電報で指令した。海軍特別陸戦隊五百、陸軍川口支隊三千五百名およびミッドウェー攻略予定部隊で、いまはグアムに帰還していた陸軍の一木支隊二千名が、その兵力としてあてられた。

山本連合艦隊司令長官がこの案を全面的に支持した理由は、アメリカ海軍を海上決戦に誘いこむチャンスを、ガダルカナル島決戦に見出せるのではないか、という期待があったのではなかろうか。

一木支隊の残りの部隊、および陸戦隊五百人を乗せて、すでにガダルカナル島に向かっていた四隻の輸送船はすぐさまひき返し、山本提督が急いで編成しなおして、ソロモン群島に向け南下中のガダルカナル支援艦隊と合流するように命令を受けていた。この艦隊は六隻の潜水艦を先導とし、近藤信竹海軍中将を総指揮官とする巡洋艦六隻、水上機母艦一隻から成る部隊で、その後に南雲忠一海軍中将指揮の新編成の機動部隊が続いていた。しかし、この部隊の大型空母は二隻（瑞鶴、翔鶴）のみで、護衛に戦利用される目的をもっていた。

艦二隻、重巡三隻がついていた。随伴する艦隊として「おとり部隊」軽空母（龍驤）と重巡一隻、駆逐艦二隻がいた。これはアメリカ空母群をひきつけるおとりとして利用される目的をもっていた。

アメリカ側では、北方から日本の大艦隊が南下していることをすぐに察知した。この脅威に対決するために、フレッチャー提督の第六十一機動部隊——エンタープライズ、サラトガ、ワスプの大型空母三隻、巡洋艦三隻、駆逐艦十八隻——がさし向けられた。

昭和十七年八月二十三日未明、フレッチャー部隊はガダルカナル島東方二百四十キロ以内にいて、日本艦隊の突撃を阻止するのに絶好の位置にいたのである。数時間後、アメリカ軍の哨戒機が日本輸送船四隻および直衛部隊の軽巡一、駆逐艦五がガダルカナルに向かっていると報告してきた。この輸送船団は午後一時まで南下を続けた後、突然針路を変えて、空襲をうける危険水域の圏外に出た。

そのころ、その東方六十四キロにいた近藤艦隊も、アメリカ側に発見されないまま、五時間後に同様に変針した。

この転針を知ったフレッチャーは、「日本艦隊は逃避した。ここ数日間は大規模な交戦はない」と誤断し、ワスプ部隊を南下させて、給油に向かわせた。この誤断のために、次に起こる予想だにしていなかった交戦に際して、戦力の三分の一を欠いているという不運に直面することになった。

八月二十四日夜明け直前、日本のおとり艦隊は、第六十一機動部隊を誘うために南に転進した。他の日本艦隊も針路を逆転し、視界から消えて、フレッチャーが餌に食いついてくるのを待った。午前九時五分、アメリカ軍哨戒機は、日本の小型空母および三隻の護衛艦が、その西北方四百キロ以内にいることを報告してきた。午後一時半になると、レーダーのスクリーンに、日本機がガダルカナルに向かうのが写し出された。それを見てフレッチャーは交戦を決意した。

スクリーンに写し出された日本機は、ガダルカナルの米軍の飛行場を目ざし、空母「龍驤」から発進した戦闘機十五、爆撃機六であった。

それから十五分以内に、フレッチャー提督は急降下爆撃機三十機および雷撃機八機をサラトガから発進させた。二時間してドントレス爆撃機が日本の空母「龍驤」を発見し、高度四千メートルから急降下爆撃を開始した。この攻撃中にダグラス・デバステーター雷撃機が六機舞い降り、海面上六十メートルから魚雷を発射した。少なくとも爆弾四、魚雷一発が小空母にたたきこまれた。「龍驤」は右舷に二十度傾き、完全に停止した。「龍驤」の運命はきわまったが、フレッチャー部隊の攻撃を自分にひきつけ、日本機動部隊にサラトガとエンタープライズを捕捉させる機会を作ることに成功した。

この米軍の二空母は五十一機のワイルドキャット戦闘機の防壁に囲まれていたが、日本側の九九式艦上爆撃機二十五機がこの防壁を突破した。午後五時十四分、日本艦隊の爆弾がエンタープライズの甲板を五ヵ所貫き、甲板の下の下士官室で炸裂した。さらに瞬発信管をつけた爆弾二発が飛行甲板を引き裂いた。猛火が鎮火されるまでに米兵七十六人が死に、エンタープライズは大修理のため、真珠湾に引き揚げざるを得なくなった。フレッチャーの指揮下の空母は一隻になった。

ここでフレッチャーは、この残存空母の温存と他の艦艇の夜戦による不慮の損害を考えて、南転を決めた。日本の南雲中将麾下の艦艇は、午後八時までフレッチャーを追ったが、遂に断念した。

かくして「東部ソロモン海戦」は幕をおろした。結論として、珊瑚海海戦と同じく、勝敗のケジメのつかない戦いだったといえるだろう。日本は小型空母一隻が沈没、米国は空母一隻を二ヵ月間実戦から遠ざけられた。しかし、重大なことは、フレッチャーが十七機を失ったのに対し南雲艦隊は七十機を熟練パイロットとともに失ってしまったことであった。これは日本にとって、大変な損失であった。戦争というものは、何でもいいから勇敢に命さえすてればよいというものではない。失った人材は二十数年を待たなければ、補充できないのである。日本軍の欠陥は、その一人一人が貴重な熟練者である兵士の生命を、全く大切にしなかったところにもある。

それなのに大本営は珊瑚海海戦のときと同じように米空母三、戦艦一、重巡五、駆逐艦四を撃沈ないし大破したというウソっぱちの大戦果を発表した。しかも、撃沈された米空母の中にホーネットの名があるが、ホーネットはこの海戦に参加していないのである。

私はしばしば報道部員は単なる拡声機にすぎないといってきたが、ここまで真相を知ってしまうと、拡声機というよりも、大型空母の一隻くらい生かしも殺しもできるドラマ・ライターでもあったのか。あるいは、報道部員の背後にいた黒子（くろこ）が、大ドラマの演出家だったのかもしれない、と思わざるをえないのである。

南太平洋海戦

〔大本営発表＝昭和十七年十月二十七日午後八時三十分〕

一、帝国艦隊は十月二十六日黎明より夜間にわたりサンタクルーズ諸島北方洋上において敵有力艦隊と交戦、敵航空母艦四隻、戦艦一隻、艦型未詳一隻を撃沈、戦艦一隻、巡洋艦三隻、駆逐艦一隻を中破し、敵機二〇〇機以上を撃墜その他により喪失せしめたり。我方の損害、航空母艦二隻、巡洋艦一隻小破せるもいずれも戦闘航海に支障なし、未帰還機四〇数機。(注)本海戦を南太平洋海戦と呼称す

二、第二次ソロモン海戦以後南太平洋海戦直前まで、即ち八月二十五日より十月二十五日に至る間におけるソロモン群島方面の帝国海軍部隊の戦果左の如し。

1 艦船 撃沈=米航空母艦ワスプ、巡洋艦三隻、駆逐艦一隻。大破=戦艦一隻、航空母艦一隻、巡洋艦一隻、潜水艦一隻、輸送船二隻、掃海艇一隻。中破=航空母艦一隻。

2 飛行機 撃墜=四三〇機。地上撃破=九七機。その他敵B―一七型、大型爆撃機一九機に対し大なる損害を与えたり。

我が方の損害

1 艦船 沈没=巡洋艦二隻、駆逐艦二隻、潜水艦一隻、輸送船五隻。大破=駆逐艦一隻、輸送船三隻。中破=巡洋艦一隻、駆逐艦二隻、潜水艦一隻、輸送船二隻。

2 飛行機 自爆=二六機。大破=三一機。未帰還機=七八機。

この発表に関連した記事を、昭和十七年十月二十八日の新聞紙面から拾ってみると、「厳たり勝利の発表、海軍省に歴史の一駒」の見出しで発表の瞬間の写真が目につく。

「国民待望の海軍の大戦果が発表されたその夜、海軍省記者室では、各社の記者が鉛筆を握りしめて、いかに早く捷報を国民に知らせようかと、原稿を運ぶオートバイのエンジンをかけ、電話は本社デスクと繋ぎ放しで待機した。発表一分前の午後八時二十九分、小川海軍報道部長、平出課長、田代中佐、富永少佐らが別に変った様子もなく静かな足どりで現れ、小川部長が厳粛な語調で『大本営発表……』と力強い声で次々に歴史的大戦果を発表し始めた。日本ニュースのアイモの音がジージーと音をたてる。

紙を走る鉛筆も軽い。発表が終ると、今まではならこれほどの発表のあとには、必ず記者側に拍手と万歳がまき上ったのだが、この日の発表には、一同なお前戦で奮闘を続ける将兵の上に思いを馳せて、粛然水を打ったような厳粛な空気が漂ったのであった」

また、解説記事は「わが海軍部隊辛苦の作戦、米海軍空前の大反攻潰ゆ」と題して、「第二次ソロモン海戦の後、米海軍は南太平洋方面の情勢に対処するため、航空母艦、戦艦の大群を主力とする大艦隊をもって（南太平洋に）出撃してきたのである。

我が海軍は、二十六日黎明、この敵大艦隊と遭遇、終日の激戦の結果ついに敵航空母艦四隻、戦艦一隻、艦型未詳艦一隻を海底深く屠(ほふ)り、戦艦五隻を戦列から離れねばならなくし、敵機二百機以上を喪失させるという大量の戦果をあげたのである。

この大部隊をもってする敵艦隊の出撃は、第一次ソロモン海戦前後よりする太平洋における敵海軍の対日反攻作戦のうち、最も主要な作戦であったことは容易に推知し得る。それは第一にこの大戦果をもってても知られるように、いまだかつて見ないような大規模の編成をもってしたこと、第二にこの作戦開始直前、敵は南西太平洋方面連合艦隊司令長官を更迭し、前任者ゴームリーにかわって前空母艦隊司令官ハルゼー中将を新長官に任命したことの二点より見ても明らかである。従って、ルーズベルトが二十六日（日本では二十七日）急拠連合艦隊司令長官兼軍令部長キングおよび総参謀長リーイをホワイトハウスに招き鳩首協議したことは、南太平洋海戦による彼等の狼狽ぶりを示すものであり、また同日空母ワスプ（一九四〇年四月竣工、一万四千七百トン、三十ノット、五インチ砲八門、小口径砲四十門、公称搭載機数八十、乗員（航空要員をふくむ）千八百名）の沈没を突如発表したことも、この戦敗による国内世論の沸騰にそなえて、いち早く手をうったものと見られる。時あたかも二十七日は、米国の第二十回ネイビーデー（海軍記念日）であったことも、その一つの素因であったのだろうか。ネイビーデーというのは、元大統領で米海軍の近代化を主唱した海軍拡張論者セオドール・ルーズベルトの誕生日をそれに当てたものである。また十月という月は、一七七六年、米国独立のための大陸会議で、米国海軍創設を決定した月であるという意味も含まれている」

さらに「捷報世界へ飛ぶ、バンザイに沸く東京から徹夜の国際放送陣」という見出しもある。

「大戦果が発表された十月二十七日夜、叫ぶラジオに、光る電光ニュースに、帝都の街々は道行く人々の万歳の叫びも混って大いなる喜びの一色に包まれた。家々ではラジオを前にして、またしても挙った帝国海軍の威容に、感激の話題はつきず、本社速報板の前は夜九時ごろから、ひきもきらぬ黒山の人の波――発表を読み進む人々の眼は大本営発表と併掲された『艦船別撃沈破数、第一次ソロモン海戦から南太平洋海戦まで』という敵の喪失艦数合計表に吸いこまれていた。

	撃沈	大破	中破	計
戦艦	一	一	二	四

空母	五	二	二	九
巡洋艦	一六	二	三	二一
駆逐艦	一四	三	一	一八
潜水艦	九	一	〇	一〇
掃海艇	一	一	〇	二
艦型未詳	一	〇	〇	一
(計)	四七	一〇	八	六五
輸送船	一六	三	〇	一九
合計	六三	一三	八	八四

そして、その眼は、皇軍への絶大な信頼と感謝にうるんで、あまりにも大いなる戦果に万歳の叫びさえも聞かれた。この夜の東京中央放送局では、国際課を総動員し、支那大陸から南方共栄圏へ、この大戦果を世界の果てまで響けといっせいに短波を放出し、この海外向放送は、二十八日早朝まで、徹夜で叫び続けられた。

まず、九時、臨時国際放送のスイッチが入れられるや、英語、マレー語、ビルマ、ヒンズー、アラビア、オランダと各国語で叫び続けられ、北京、広東語による支那大陸向けについで、スペイン、ポルトガル、タガログ語、さらにドイツ、イタリアの枢軸国側への放送、フランス、タイ国へと、二十余カ国語による臨時ニュースが、四十五分間にわたっていっせ に行なわれた。この放送はさらに徹夜で定時国際放送におり込まれ、一億国民の感激熱狂は世界のすみずみにまで響きわたった」

ところで、この日の新聞の片隅には、こんな記事もあった。斎藤茂吉（歌人）は、南太平洋海戦にちなんで『かがやく海の勲』と題して、

みんなみの海にとどろきし勝どきをいまこそきかめみぶるひたちて
大国（だいこく）のやぶれんとするさきがけに海の敵軍しづみにしづむ
あめつちを貫かんとする神力（かむちから）敵艦隊をうちにうちたり

と詠んでいる。

また「思い切った客車の縮減、列車時刻も国策輸送に沿って」といった記事もある。「大東亜戦争下の輸送力確保と関門トンネルの完成を機会に、鉄道省では全国的列車時刻の改正を行い、二十七日発表、重要物資輸送と生産拡充とに完璧の陣を張ること

になった。時刻改正は来る十一月十五日を期して実施されることになっているが、更に来年四月には一等旅客列車の廃止、食堂車のなくなるものも約二割見当の計画をたて、超非常時態勢の準備を整えている。

元来本州と九州間の旅客輸送の情勢は支那および南方開発に伴い、通勤者だけでも十一年度旅客数の約三倍の激増を予定されていたが、赫々たる大東亜戦の戦果と共に急激に重要物資輸送が必要となり、列車時刻改正を期して従来の計画を一変、まず列車数の縮減と旅客輸送については、あらゆる角度から研究され、今回の統制方策が講じられたものである。

鉄道省のこの思いきった統制方策によって今後の石炭その他の重要物資の海上輸送は陸運に転移、一億国民に対し戦争完勝のため不便を忍んでも国策輸送に協力を要望している。

関門トンネルを通過して九州に入る列車は鹿児島直通二本、長崎行（特急富士）博多行、門司止各一本の計五本となった。また従来の九時四十七分京都発、下関行下り七号列車、九時二十五分下関発、東京行上り八号列車の一等展望車は廃止せられ、特急富士号上下とも小田原、熱海、大垣、大津、宮島口、三田尻には停車しないことになった。残る『ふじ』『つばめ』『かもめ』の三本の特急列車の一等展望車も近く全廃、いっせいに三等客車に改造して、贅沢な席を大衆輸送車に譲ることになった」

船舶の不足から陸上輸送が圧迫される状況がよくわかるが、ものはいいようである。しかし、何となくじわじわと迫ってくるものが感じられる。

広告欄には東京急行電鉄の新分譲地の売出広告があり、当時の貨幣価値もうかがえる。

「位置＝東京急行玉川線新町下車南約五丁、東宝撮影所行バス衛生材料廠前下車西一丁。町名＝弦巻町二丁目。区劃＝一二八坪より二二〇坪まで十一区劃。単価＝坪四六円より四九円まで。施設＝道路、下水道等完備。契約＝契約の際総額の二割払込、残額十カ年年賦払可」

アメリカ側はこの「南太平洋海戦」を「サンタクルス海戦」と呼んでいる。そして戦後明らかにされた戦況経過は、次にのべるように（日本側の証人を参考にして）詳細をきわめている。

十月二十六日早朝から南雲司令官と草鹿参謀長は航空母艦（翔鶴）の艦橋に無言のまま立ち続けていた。真珠湾攻撃以来の歴戦の提督の日焼けした石のような表情の中に、いつも去来していたのは草鹿参謀長がはやくから「敵は必ず我が艦隊を発見する」といった予言だった。草鹿参謀長は「再びミッドウェーの失敗をくり返してはならない」ということだけしか考えていなかった。

突然、旗艦の舷側に二本の水柱が大きな爆発音とともに天に冲するのと、通信参謀が「敵機一機、おそらくB17が近くにいる」と報告するのと、同時だった。艦隊の徹夜の警戒も無に帰した。

（注）この攻撃はB17でなく魚雷と爆弾を搭載した鈍足のPBY飛行艇二機によるものであった。

時に午前二時半。水鳥の飛び立つのに驚いた古戦史がここでも起こった。南雲は草鹿に向かって「君の言うとおりだった」と言葉少なに語った。艦隊は直ちに転針、二十四ノットの速力で北進し、索敵機二十四機を南に向かって発進させた。

この日本艦隊に対しハルゼー提督はキンケード少将に対し攻撃を命じた。このころ、日本の索敵機も、空母一隻のほかに十五隻の艦艇からなるアメリカ機動艦隊を発見していた。

午前七時、日本機動部隊の空母「翔鶴」「瑞鶴」「瑞鳳」の三隻からは、雷撃機十八機、急降下爆撃機二十二機、戦闘機二十七機が発進した。そして第一次攻撃隊の最後の一機が飛行甲板を離れると、直ちに第二次攻撃の発進を命令した。
「翔鶴」の艦橋の草鹿参謀長の双眼鏡には、僚艦「瑞鶴」から搭載機がのろのろと発進しているのが何ともいらだたしかった。地団太をふんで甲板士官をどなりつけ、手旗信号で「瑞鶴」に「なぜ遅れているのか」となじった。「早くしないとミッドウェーで敵に捕捉されたような失敗を再びくり返すことになる」これが草鹿の頭の中を去来するすべてだった。二隻の大型空母と「瑞鳳」を護衛する戦闘機を一機も残さなかったほど草鹿の頭は混乱していた。

アメリカ機動部隊の第一波が発進したのは、日本の第一次攻撃隊の発艦よりほぼ三十分遅れた午前八時十五分だった。七十三機の急降下爆撃機、雷撃機、戦闘機が日本機動部隊に向かって飛び立った。日米両軍の攻撃隊は、おたがいの視界内ですれ違った。しばらくは双方とも編隊を崩さず直進していたが、そのうち十二機の日本戦闘機が引き返してきて、エンタープライズの十九機の編隊に追いつき、交戦を挑んできた。この攻撃により米側はワイルド・キャット三機と雷撃機三機が撃墜されたが、日本側も三機を失った。

キンケード少将はレーダーで日本機の来襲を確認していたが、午前九時十分には日本の九九式艦爆の急降下爆撃がホーネットを襲った。一発の爆弾はホーネットの飛行甲板に命中、もう一発はそれたが、艦体は破壊された。日本の編隊長機は、ホーネットの煙突を狙って突っこんできたが、あちらこちらに撃突し、ゴムまりのようにはずんで飛行甲板の上に横たわり、抱いていた二発の爆弾もその位置で爆発した。このときさらに、日本の雷撃機が魚雷を抱いて海面すれすれに突っこんで来た。この二発の魚雷は機関室に突きささって爆発。ホーネットはよろめいて停止し、戦闘力を失って立ち往生した。さらに別の艦爆機が次々と襲いかかり、ホーネットは八度傾いて火災に包まれた。

アメリカ側では、そのころホーネットを発進したドントレス急降下爆撃隊が、南雲中将麾下の航空母艦群を護衛する重巡「筑摩」に猛攻を加えていた。「筑摩」の艦橋に一発の爆弾が命中し、艦橋にいたものは全員戦死した。艦長古村大佐は爆風にふきとばされながらも転針を命じ「魚雷を海中に捨てよ」と叫んだ。その直後、からっぽになった魚雷室に敵側の魚雷がとびこんで来て炸裂した。

ドントレス爆撃機の別のグループは、「翔鶴」をねらって食いさがった。千ポンド爆弾が、一列になって舞いおりてくる米機より投下され、「翔鶴」はその度に激しく震動し、いくつもの爆発を起こした。

「翔鶴」は艦内通信が不能になったので、艦隊司令部を駆逐艦に移した。「翔鶴」のあとに続く「瑞鳳」も甲板に大きな穴をあけられていた。

　そこから数百カイリ離れたところでは、四十三機の日本軍急降下爆撃機と雷撃機がキンケード艦隊に向かって飛んでいた。アメリカ側の迎撃戦闘機の発進が遅れたので、日本の九九式艦爆の急降下爆撃は全く抵抗を受けることなく、攻撃を開始した。アメリカ海軍の太平洋における最後の航空母艦エンタープライズもホーネットと同じ運命をたどるかにみえた。そのときエンタープライズとその護衛艦の対空砲火が火を吹いた。とくに戦艦サウスダコタと巡洋艦サン・ジュアンの砲火は、集中していて正確だった。そのため、エンタープライズに命中した爆弾はわずか二発で、三発目は艦体の近くで爆発してタービンの支軸を破損させたが、数分後には火災は消しとめられ、機械は修復され、穴は応急手当てされた。

　また、そこから百カイリ以内のところには、さらに別の日本攻撃隊がいて、接近しつつあった。これは近藤中将麾下の先遣隊所属のただ一隻の空母「隼鷹」から発進した攻撃隊で、十七機の急降下爆撃隊を十二機の戦闘機が護衛していた。

　この日本の攻撃隊は、エンタープライズをねらったが、その爆弾はすべて、うまくかわされた。さきほどエンタープライズを救った戦艦サウスダコタと巡洋艦サン・ジュアンは、有効に対空砲火を発射しようとして、あまりにもエンタープライズに近接していたため、両艦とも日本攻撃隊の命中弾を浴び、サウスダコタは第一砲塔で、サン・ジュアンは艦底で、日本機の爆弾が爆発した。

「隼鷹」は、第一次攻撃隊に続いて、艦爆十五機からなる第二波を発進させた。この攻撃隊は巡洋艦ノーザンプトンに曳航されて戦列から離れてゆくホーネットを発見した。

第一次攻撃部隊の六機が、傷ついたホーネットめがけて海面すれすれの攻撃を行なった。ノーザンプトンは自艦が敵魚雷をかわせるようにするため、ホーネットの曳き綱を切断した。こうしてホーネットは戦闘機の掩護はおろか、最後の望みの綱、ノーザンプトンにも見はなされ、海上に瀕死の状態で見殺しにされる運命となった。

このとき、ノーザンプトンの艦橋で、キンケードは、誰にいうともなく、「日本海軍のパイロットの腕もおちたものだ。五発の魚雷を、ほとんど静止しているノーザンプトンに命中させられないではないか」とつぶやいた。

質の低下した日本海軍のパイロットも、六発目の魚雷を瀕死のホーネットに命中させた。右舷が十四度まで傾き、後部の機関室が浸水し始めたので、全員艦を捨てた。

このころも日本攻撃隊の新手がV字型編隊で襲いかかり、その一発は飛行甲板に命中した。

その夜、近藤艦隊は新たに空からの攻撃が可能な場合に備えて、二隻の無傷の空母の中から「瑞鶴」がこれに続く手配をして、夜戦に出発した。この先鋒隊がホーネットのところまでやってきたときも、ホーネットは全艦が火に包まれていた。瀕死のホーネットにはその護衛のアメリカ駆逐艦が九本の魚雷を撃ちこんだが、まだ沈まなかった。

今度は日本の艦艇がこの大きな廃船に魚雷四本を撃ちこみ、ついに十月二十七日午前一時三十五分、去る四月十八日の東京空襲のときに米陸軍機の母艦となり、日本首脳部のその後の作戦指導に大きな影響を与えたかつての英雄ホーネットの姿は、視界から永遠に消えた。

夜明け一時間前に、南雲とその幕僚は「瑞鶴」に乗り移り、「ミッドウェー海戦の仇討」とばかり、黒い石のような顔貌にわずかな微笑を浮かべて、大本営にその大戦果を打電した。山本連合艦隊司令長官とその参謀長宇垣中将は、南雲以上の上機嫌で大本営に報告した。日本側は一隻も失わずに明らかに戦術的勝利を手にしたが、アメリカ側は貴重な時間をかせぎ、日本がガダルカナル島奪還を中止せざるを得ない状態に追いこんだ。

それにも増して、六十九機の日本軍機が母艦に帰投できず、別に二十三機が不時着の際に失われた。この飛行機と搭乗員の補充は、日本首脳の悩みのたねとなった。しかし、東京ではこの勝利は非常に重視されて、連合艦隊の「勇猛果敢なる戦いに対し、天皇から山本司令長官におほめの言葉」を賜わった。しかし天皇はガダルカナルの今後のことをひどく心配して、侍従武官長を通じて参謀総長、軍令部長にその意を伝えた。

しかしそのとき山本・宇垣の海軍側第一線部隊では「ガダルカナル奪還は不可能に近い」とひそかに結論を出していたし、陸軍側にもすでに三度も失敗を重ね、アメリカ軍がほとんど連日守備隊の増強につとめている以上、四度目の強行に成功を望むのは無理だ、との気持が強く、特に陸軍の第二師団が全滅したことをいかにしてアメリカ軍に知らせまいか（アメリカに知られたなら、その攻撃が一層激しくなり、この島の全日本軍は一掃されてしまうとの判断）とすることに精一杯で、百武軍司令官も、小沼高級参謀も、ほぼ同様の結論を余儀なくさせられていた。

大本営から作戦指導のため派遣されていた辻政信中佐は、全滅した丸山師団（第二師団）と行動をともにし、そのなまなましい戦況について東京の杉山参謀総長に電報を打った。

「必勝を期して敢行せる第二師団の数日にわたる猛攻も、幹部の過半を失い、遂に失敗のやむなきに至る。その一切の責任は、敵の火力を軽視し、今なお野戦陣地に対する観念を改め得ずして作戦を指導したる小官にあり」

さらに「小官の罪、万死に値す。今後小官を第十七軍とともにこの島にとどまるよう命課していただきたし」とつけくわえた。十一月三日、その返電が来た。「辻参謀の第十七軍転属は認可せず。戦況報告のため、ひとまず帰還すべし」というものだった。

第三次ソロモン海戦

〔大本営発表＝昭和十七年十一月十四日午後五時三十分〕

帝国海軍航空部隊は十一月十二日昼間ソロモン群島ガダルカナル島所在の敵艦艇、輸送船に対し、攻撃を敢行、ついで同日夜半我有力なる攻撃部隊は之に肉薄突入し所在敵艦艇船舶の大半を撃破、なお熾烈なる戦闘続行中なり。現在までに判明せる戦果左の如し。

(1)、昼間航空部隊の戦果　撃沈＝新型巡洋艦一隻（轟沈）、乙級巡洋艦一隻。大破炎上＝輸送船三隻。撃墜＝飛行機一九機。

(2)、夜間攻撃部隊の戦果　撃沈＝新型巡洋艦二隻（轟沈）、大型巡洋艦二隻、駆逐艦一隻。大破＝巡洋艦二隻、駆逐艦三隻。

(3)、我方の損害　戦艦一隻（大破）、駆逐艦二隻（沈没）、飛行機一〇数機（未帰還）。

この発表には次のような解説がついていた。

「南太平洋海戦において、ソロモン群島方面海域に大挙出動した敵艦隊を、一挙撃破せるわが海軍部隊はさる十日以来、敵がガダルカナル島に新増援艦艇部隊を派遣してきたので、機を移さず海空部隊をもって果敢なる突撃殲滅戦を敢行した。八月八日以来、ガダルカナル島に拠る敵兵力に対し連日連夜にわたって爆撃戦を続行していた海軍航空部隊は、この増援部隊めざし、まず十二日昼間、長駆殺到敵機と空中戦を交えつつ敵艦船に猛攻を加え、上記のような大戦果を挙げた。この攻撃につづいて同夜、わが戦艦を囲む有力な艦隊は、敵部隊に肉薄突入し、壮烈な夜襲戦を敢行、敵にまたも大損害を与えた。

夜襲肉薄戦はわが海軍の誇りとするところであり、すでに第一次ソロモン海戦において、その凄味を遺憾なく発揮したのであるが、今回の夜襲戦は、わが戦艦が率先突入したことおよびガダルカナル島所在の敵航空部隊の行動圏内に向かって強襲を敢行したことの二点において、すでに戦術の常識を超絶した凄絶な突撃である。わが戦艦は夜戦において猛烈な砲戦を交え、巨砲よく敵艦隊を撃破したが、翌十三日払暁の敵機の襲撃によりこの戦艦は大破し、駆逐艦二隻を同時に失った。これは今回の海戦の凄絶さの半面をもっとも雄弁に示すものであろう。

ソロモン海域における八月以来の幾次の海戦は、すべてガダルカナル島の陸上戦闘をめぐって、同島への輸送路を確保するため、同海域の制空権、制海権奪回を目標に敵艦隊が執拗に出撃をくりかえしてきたところに発端するが、今次の海戦を見て、同方面の海上戦闘はますます緊迫し、かつ熾烈になりつつあるようである。今次の海戦において開戦以来初めての損害を蒙ったわが戦艦は艦齢外の老朽艦のものであるが、この損害は近代海戦における航空機の重要性を示唆するものがあり、至大の教訓を含むであろう。これに対し轟沈した新型敵巡洋艦は何れも六〇〇〇トン級の最新鋭のもので、最近進水を伝えられていたものであり、敵がいかに造艦を急ぎ、その喪失する艦艇の損害を補充し、執拗な増援と出撃をくりかえしつつあるかを示すものとして、われわれのもっとも注目し、かつ戒心すべきことであろう。（米の六〇〇〇トン級巡洋艦とは、一九四〇年春起工したアトランタ級四隻と一九四一年春起工のオークランド級四隻があるが、後者はまだ実戦に参加し得ないと思われる。従って今回撃沈されたものは、昨年進水したアトランタ、ジュノー、サン・ディエゴ、サン・ジュアン等の中のどれかであろう。性能は主砲一五センチ砲九門、五〇センチ魚雷発射管六、三三ノットである）」

それから一ヵ月もたたぬうちに、十二月八日（開戦記念日）がめぐってきた。大東亜戦争開戦一周年記念日というわけである。政府は地方長官会議を開催して、陸軍大臣より最近の戦況について説明を行ない、いわゆる「国民の士気昂揚」に努めたものである。

戦後「大東亜戦争」という言葉にかわって、この戦争は「太平洋戦争」と呼ばれることが多いが、そして、それはもちろん、アメリカ側がこれを「太平洋戦争」と呼んでいることに由来していることと思うが、それとは別に、こういう考えかたもあろうかと思う。つまり、昭和十六年十二月十日、開戦二日後の大本営政府連絡会議の席上で「今次戦争及び今後生起すべき戦争を、シナ事変を含めて大東亜戦争と呼ぶ」と決めている。そして、昭和二十年十二月、敗戦の四ヵ月後、ＧＨＱ（占領軍最高司令部）から出ている公文書には「大東亜戦争とか、八紘一宇ないしその他の用語で、日本国として、その意味の連想が、国家神道、軍国主義、過激なる国家主義と切り離し得ざるものは、これを使用することを禁止し、即刻停止を命ずる」とある。これにもとづいて、同年十二月二十日、文部次官通達で、文部省管轄の機関、学校、団体などに対して、この旨伝達されている。戦勝国の主張は、平和条約の発効とともに、GHQの指令もふくめて、当然解消されるべきものだと思うが、結局この戦争の主戦場が太平洋であったので、あえて大東亜戦争の名称を固執しなくてもよいと考えてのことではなかったろうか。しかし、防衛庁の戦史叢書（防衛庁防衛研修所戦史室編、朝雲新聞社発行）は「大東亜戦争」という言葉をそのまま使用しているようだ。

さて、海軍側の派手な戦果発表がつづく中で、陸軍側も何か国民をアッといわせる発表はできないものかと頭をひねった結果、地方長官会議の席での陸軍大臣の「最近の戦況」の趣旨を敷衍して、十二月十四日、谷萩陸軍報道部長は大東亜の戦局全般について、㈠支那方面、㈡南方方面、㈢北方方面にわけて、寒帯より熱帯に至る二万余キロの広大な地域において、陸軍部隊が作戦に、警備にまたは訓練に汗を流している次第を発表した。まことに子供じみた陸海軍の功名争いであるが、この陸海軍間の確執は日本軍のアキレス腱であって、戦争遂行上の最大のガンになっていた。

谷萩部長の談話はつぎのようなものであった。

「南方方面についていえば、我が海軍部隊が僅少な兵力で占拠していたガダルカナルおよびその付近に、本年八月米軍部隊が大挙上陸してきた。ここにおいて我が陸軍部隊は海軍と緊密な協同のもとに、数次にわたり極めて困難なる上陸作戦を敢行した。すでに発表されたソロモン方面の諸海戦も、実はこの陸戦と相関連して惹起されたものである。敵軍の航空勢力の活動を制して上陸、特に補給を行なうことは、まことに容易の業ではなく、したがって、目下この方面の作戦に任じている将兵の報告も想像にあまりあるものがある。しかしながら、我が陸軍部隊は、これら極めて不利な諸条件を克服し、逐次敵軍に圧迫を加えつつある現況である」

私にいわせれば、海軍が軍艦マーチをじゃんじゃんやるからといって「負けてはならじ」と陸軍がりきんでこれに対抗するなど、愚の骨頂という感じであった。特にソロモン方面にまで言及し、この方面の海戦の勝利は海軍だけがやったのではない、とにおわせるなど、ちょっと大人気ない。もう少し真剣に、ガダルカナル島の川口支隊、一木支隊、那須部隊、住吉部隊、丸山師団などの悲惨な戦況にふれるべきであって、その苦戦の実情をほおかぶりしていてもよかったのだろうか。

ところで、アメリカ側は、この「第三次ソロモン海戦」を「ガダルカナル海戦」と呼んでいる。米軍戦史はその戦況をつぎのように詳述している。

「ガダルカナル島で苦戦中の日本の第十七軍（軍司令官百武晴吉中将）と第三十八師

団（師団長佐野忠義中将）その他の増援部隊約一万二〇〇〇人の兵員と一万トンの物資――は、まだショートランド島にあったが、これは一二隻の駆逐艦の護衛をつけた一一隻の輸送船で運ぶことに決まっていた。

この大輸送船団の出発前に、戦艦二隻と軽巡洋艦一隻、駆逐艦一四隻からなる襲撃部隊がガダルカナル島のヘンダーソン飛行場を艦砲射撃で無力化するため、先発することになっていた。

十一月十二日朝、阿部弘毅中将の指揮する艦隊の襲撃部隊は、ガダルカナルに向かって出発して、その午後遅くにはサボ島の北一〇〇カイリの地点に到達した。アメリカ軍は数時間前からその出現を知っていたが、この日本の襲撃部隊がヘンダーソン飛行場を砲撃するか、ガダルカナル島沖に停泊中のアメリカ輸送船団（増援の六〇〇〇名の海兵、弾薬、一〇五ミリと一五〇ミリの榴弾砲、食糧などを積んでいて、その一部の揚陸を開始していた）に攻撃をかけてくるかのどちらかと考えていた。

サボ島沖まで進出した日本の襲撃部隊の行動開始が遅かったことは、アメリカ軍にとって大変幸運だった。夕暮れまでに、アメリカ海兵のほとんど全員の上陸を終わったが、補給物資はまだ三分の二を残して、日没も近くなったし、日本襲撃部隊の行動も気になったので、この輸送船団は未揚陸の物資を船倉にかかえたまま、ダニエル・

J・キャラハン少将の指揮する機動艦隊に護衛されて、南方洋上へ退避した。

このキャラハン機動艦隊というのは、旗艦重巡サンフランシスコ以下重巡一隻、軽巡三隻、駆逐艦三隻からなる小艦隊で、サボ島沖に進出している阿部艦隊に比して微力であったが、アメリカ海軍がこの水域で持っている唯一の機動部隊で、輸送船団の護衛の任務を終えると、直ちにひき返し、ガダルカナルの北部海岸沿いにサボ島へと針路をとった。キャラハンに課せられた任務は、阿部艦隊を食いとめることだった。

日本艦隊の阿部中将は、このキャラハン艦隊に戦艦がいないことから、夜戦は絶対に起こらない、巡洋艦があえて阻止行動に出ることはあるまいと判断し、『比叡』を先頭に戦艦二隻を従え、サンタイサベル島の先端をこっそりと通過して、一路南下、サボ島へと向かった。六隻の駆逐艦と軽巡一隻がその周囲を固め、両側面を駆逐艦群が魚雷艇の攻撃を防ぐ態勢をとっていた。

十一月十三日午前一時二十四分、アメリカ艦隊は阿部艦隊を発見した。阿部艦隊はその前に『鉄底海峡』のどこかにキャラハン艦隊がいるらしいことを知っていた。午前一時四十一分キャラハン艦隊の先頭の駆逐艦カッシングは、その前方の至近距離に、日本の駆逐艦二隻が突然暗闇の中から姿を現わしたのを発見した。

カッシングは急遽、とり舵いっぱいで衝突を避けた。このため、後続艦にも連鎖反応が起こった。二番艦の巡洋艦アトランタも鋭くカーブを切った。三番艦にはキャラハンが乗っていたが、一瞬、胆を冷やして狼狽した。

日本艦隊の阿部中将は、ガダルカナル島の地上観測隊から『ルンガ岬沖には敵の艦影なし』の報告を受けていたので、艦砲射撃を行なう決心をしていた——二隻の戦艦の全主砲に弾殻の薄い三式弾を装塡させてあるのに、暗闇の中で、突然敵艦隊と、しかも呎尺の間に遭遇したのだ——阿部中将もキャラハン同様にあわをくった。そして、『比叡』と『霧島』の砲手に焼夷性砲弾を徹甲弾ととりかえるよう命令した。

一時四十九分、『比叡』の探照灯が、闇をつらぬいて四六〇〇メートル前方に米艦アトランタを捉えた。アトランタはただちに『比叡』に向かって射撃をしてきた。『比叡』はそのとき、総員がかりで焼夷性砲弾を徹甲弾にとりかえ作業中で、甲板上はとりかえた焼夷性砲弾が並んでいた。足の踏み場もないくらいだった。もしこの弾丸の列に一発でもアメリカの砲弾が落下したら、この巨艦も巨大なタイマツと化してしまうので、誰も口にこそ出さぬが、その不安におびえていた矢先、アトランタの撃ち出す砲弾は『比叡』の周辺に数本の水柱をあげながら迫ってきた。『比叡』の三六センチ砲も火を吐いた。いっせい射撃された一トン砲弾が、アトランタを粉砕した。この一弾はアトランタの艦橋をこっぱみじんにし、スコット提督以下、幕僚一人を除いて全員死亡した。また阿部艦隊の駆逐艦の一つが放った魚雷がアトランタに命中、艦は傾き、無力となったまま戦列から脱落した。双方の艦隊はおたがいに至近距離から撃ち合い、からみ合い、もつれ合い、どうしようもないメチャメチャの大乱戦がくりひろげられた。

日本側の『霧島』その他の四艦から撃ち出す巨砲は、今度はキャラハン艦隊の旗艦サンフランシスコに集中されてきた。サンフランシスコも艦橋に命中弾を受け、艦長は重傷（後に死亡した）。艦長にかわって指揮をとったブルース・マクカンドレス少佐は、その時の状況を次のように述べている。

『デッキには死体や手足や器具類が散乱し、上甲板から流れこむ海水に洗われ、今や何も意味しないサイレンやブザーがひっきりなしに鳴っていた。私はこの瀕死のサンフランシスコを指揮して、向こう見ずに走りまわる敵味方の艦艇の間をすりぬけるようにして、阿修羅の戦場を抜けだし、ガダルカナルに向かった』

午前二時、五〇発以上のアメリカ艦隊の砲弾をうけた『比叡』は、北へ向かって転針し、『霧島』もこれに続いた。両艦とも満身創痍の状態だった。この海戦は三〇分も続かなかったのだが『鉄底海峡』は燃える廃艦で炎に包まれていた。アメリカ側で無傷で残ったのは、わずか一隻だった。アトランタと二隻の駆逐艦は沈没しかかっていた。

日本側では駆逐艦一隻が撃沈され、他の一隻が漂流していた。『比叡』の船脚はひどく落ち、夜明け前にアメリカ軍攻撃機の行動範囲からぬけ出せそうもなかった。

やがて夜のとばりが消え、暁の光の中のガダルカナル沖には、七隻の傷だらけになった軍艦の無惨な姿があった。七隻の中、五隻はアメリカ艦、二隻は日本艦で、そのあるものはまだ絶望的に炎上し続け、あるものはうち捨てられていた。

しかし、海戦はまだ終わってはいなかった。五隻の生き残ったアメリカ艦がニューヘブライズ島へ向かっていた午前十一時、サンフランシスコは日本潜水艦伊二六号に発見され、魚雷の斉射を受けた。魚雷はこの傷ついた巡洋艦すれすれに通りぬけ、サンフランシスコはその雷撃を免れたが、軽巡ジュノーはその左舷を粉砕され、巨大な褐色の煙をあげて爆発し、その爆煙の消えたあとにはジュノーの姿はなかった。

日本側でも、のろのろと航行をしていた『比叡』は、やはり夜が明けるまでに、アメリカ軍機の行動範囲からぬけ出していなかった。操舵装置に被弾し、前進不能のまま旋回しはじめた。それから数時間後、ヘンダーソン飛行場を発進した雷撃機によってたたかれ、ついに二本の魚雷を受けてとどめをさされ、数分後に『比叡』は艦尾から水中に没した。

戦艦を失うという大損害をうけても、山本連合艦隊司令官は、駆逐艦一二隻に護衛された一一隻の輸送船団をガダルカナルに送りこむという決心を放棄していなかった。それは、ヘンダーソン飛行場を使用不可能にすることが、日本海軍にとっても、いかに急務であったかを示すものである。

十一月十三日夜、巡洋艦と駆逐艦が全速力でソロモン水道を南下、ヘンダーソン飛行場に三七分間にわたって艦砲射撃を加え、一八機の米機を大破させたが、滑走路は応急修理により翌朝には使用可能になった程度のものであった。

駆逐艦一二隻に護衛された一一隻のガダルカナル救援の日本輸送船団は、十一月十四日朝には、すでにガダルカナルへの航程の半ばに達していた。十四日午前八時三十分、日本軍輸送船団はアメリカの空母エンタープライズ（太平洋に残った最後の作戦可能の空母だった）の第急降下爆撃機二機に発見されたが、なお水道を航行し続けた。しかし、それから三時間後、ヘンダーソン飛行場から飛来した三七機の海兵隊機と海軍機が襲いかかり、輸送船二隻を大破した。護衛の駆逐艦の展張する黒い煙幕の中を、ジグザグコースをとって、この船団は航行を続けたが、陽の沈む前に、六隻の輸送船が撃沈せられ、一隻は航行不能、最初に大破した二隻とあわせると、四隻しか残らなかった。そして、これも四隻になってしまった駆逐艦に抱きかかえられるようにしながら、深まりゆく闇の中をガダルカナルへと近づいて行った。

　こうして日本側の戦艦『霧島』を旗艦とする重巡二隻、軽巡二隻、駆逐艦一隻の近藤艦隊と、アメリカ側の二隻の戦艦と四隻の駆逐艦からなるウィリス・リーの指揮する機動艦隊との間に、艦隊決戦のが熟していった。午後十時五十二分、近藤艦隊の先導の軽巡『川内』はアメリカ機動艦隊のレーダーに捕らえられ、砲撃を受けたが、『川内』はうまく退避したため、リーの機動艦隊は他の日本艦隊の攻撃をうけ、十一時三十五分までに四隻の駆逐艦全部――二隻は沈没しかかっていた――が戦列から脱落した。電気系統の故障で不調になっていたサウスダコタは、『霧島』と二隻の重巡の攻撃目標となった。この好餌につられて夢中になっていた近藤艦隊は、七三〇〇メートルの地点にアメリカ戦艦ワシントンがいることを忘れていた。ワシントンは直ちに『霧島』に一六インチ（四〇センチ）砲弾七五発を浴せ、九発が命中した。五インチ（一二・七センチ）砲弾も数多く命中した。ガダルカナル救援輸送船団の護衛の駆逐艦三隻も近藤艦隊を急援したが、『霧島』は艦底弁を開いて自沈した。

　一一隻の日本輸送船団は四隻になってしまい、ガダルカナル島タサファロング岬の近くに輸送船ごと浅瀬に乗りあげて、兵員と物資を揚陸したのは、十一月十五日の朝まだきだった。ショートランド島を出発した日本側一万二〇〇〇人の兵員と一万トンの物資のうち、輸送船の擱座まで行なって揚陸できたのは、四〇〇〇人の兵員と五トンの物資だけであった。日本海軍は戦艦二隻、重巡一隻、駆逐艦三隻、輸送船一一隻七万七六〇〇トンを失い、最後の大攻勢をかけようとした百武中将の願いは粉砕されたばかりでなく、日本海軍にとっても大破局を招いて、三日間にわたったガダルカナル海戦は終わった。タサファロング岬付近はバラバラの死体が血の海をおおっており、眼をそむけずにはいられなかった」

ところで、この海戦の発端は、はじめから米側の艦隊の劣勢を知りながら、巡洋艦による一見無謀ともいえる突入を敢行したキャラハン少将の勇敢な行動にはじまる。アメリカ側はさらにスコット少将はじめ数百人の兵員を犠牲にしながら、それとひきかえに、ガダルカナル島のヘンダーソン飛行場を救ったのみか、日本軍のガダルカナル島救援を断念させ、日本海軍を、ひいては日本を破局に追いこんだ。キャラハン少将の功績をたたえたいと、私は思う。士気はむしろ米側に旺盛だったようだ。

その他の夜戦・航空戦

ルンガ沖・ブーゲンビル島沖・クラ湾・レンネル島沖・イザベル島沖・第四次ギル

バート沖・マキン島

　これまであれほどはなばなしくその戦果を誇った大本営発表は、その後、しばらく鳴りをひそめた。ルンガ沖夜戦にしても、昭和十八年十一月三十日夜に起こったことであるので、十二月一日夕刊のトップ記事としてあつかっている。しかし、大本営発表としてではなく、「ルンガ沖夜戦に偉功」「感状畏くも上聞に達す」という見出しの一般記事としてあつかわれていた。

　その間、昭和十八年八月二十九日には、アッツ島守備隊の玉砕に対して感状が上聞に達したことを、陸軍省発表としてとりあつかい、また十一月六日の紙面には、ひさしぶりに大本営発表が報ぜられている。いわゆるブーゲンビル島沖海戦である。

〔大本営発表＝昭和十八年十一月五日十五時〕

　一、「モノ」島上陸以来、敵の動静を監視中の処、十月三十一日有力なる敵輸送船団数群に分れ、「ニューヂョーヂア」島南方海面を北上中なるを発見し、所在帝国海軍航空部隊竝に海上部隊は、直ちに出撃之を邀撃して左の戦果を得たり。

　㈠、海軍航空部隊は十月三十一日夜より十一月二日朝にかけ「モノ」島東方海面及び「ブーゲンビル」島西方海面に於て一部上空直衛を配せる敵輸送船団を攻撃せり。

イ、敵に与えたる損害　轟沈＝大型輸送船二隻。撃沈＝巡洋艦一隻、駆逐艦一隻、上陸用舟艇四〇隻以上。撃墜＝一〇機。撃破＝大型巡洋艦一隻、巡洋艦もしくは駆逐艦一隻、大型輸送船二隻、小型舟艇多数。

ロ、我方の損害　自爆、未帰還合計一五機。

(二)、海上部隊は十一月一日夜「ブーゲンビル」島、「ガゼレ」湾外において、有力なる敵巡洋艦、駆逐艦部隊と交戦せり。

イ、敵に与えたる損害　轟沈＝大型巡洋艦一隻、大型駆逐艦二隻。撃沈＝大型巡洋艦二隻、巡洋艦もしくは大型駆逐艦一隻。撃破＝大型巡洋艦一乃至二隻、駆逐艦一隻。その他＝駆逐艦一隻同志討ちにて炎上せるを認む。

ロ、我方の損害　駆逐艦一隻沈没、巡洋艦一隻小破。

(註)本海戦を「ブーゲンビル」島沖海戦と呼称す。

二、敵の一部は十一月一日早朝「ブーゲンビル」島「トロキナ」岬付近、同二日朝「ハモン」南側地区に上陸せり、同地陸軍部隊は之を邀撃激戦中なり。海軍航空部隊並に海上部隊は地上部隊と協力し敵上陸部隊の殲滅、後続部隊の阻止撃攘に努めつつあり。

三、敵は右上陸と相俟有力なる航空部隊を以て「ニューブリテン」島及「ブーゲン

ビル」島の我が基地に対し攻撃を企図せるも、海軍航空部隊、海上部隊ならびに地上部隊は之を邀撃し

㈠、「ラバウル」においては十一月二日敵約二百数十機来襲せるも、海軍航空部隊、海上部隊及地上部隊は其の大部二〇一機（内不確実二七機）を撃墜せり。

海軍航空部隊による撃墜　一二七機（内不確実二六機）

海上部隊による撃墜　五一機（内不確実一機）

地上部隊による撃墜　二三機

本戦闘において我方自爆、未帰還合計一五機

㈡、「ブカ」においては十一月二日、敵約二二五機来襲せるも、地上部隊は、その三九機を撃墜せり。

久々の大本営発表とはいえ、相当な分量の発表で、それに比して先述の「ルンガ沖夜戦」の記事は、次のように、遅ればせに発表している。

「昨年十一月末、ガダルカナル島方面作戦中の我が海軍夜戦部隊は、同三十日日没後、ガダルカナル島方面に敵有力部隊の潜むことを察知、同夜これに対し寡兵を以て敢然突入、ガダルカナル島北岸ルンガ沖に壮烈なる夜襲戦を敢行、よくわが水雷戦隊伝統

の強味を発揮、戦艦一隻、巡洋艦一隻、駆逐艦二隻を轟撃沈、駆逐艦二隻を撃破するの大戦果を挙げた。この夜戦部隊の偉功に対し、さきに連合艦隊司令長官より感状を授与されたが、かしこくも今般上聞に達したる旨、一日午前十一時、海軍省より公表された。

すなわち、この夜襲部隊は、至厳なる警戒をもって進撃を続け、同夜予定の泊地に進入した。二十一時十二分わが駆逐艦が敵影らしきものを発見、続いて敵艦との砲撃戦が開始せられ、その弾雨を冒し、わが水雷戦隊は猛烈なる砲雷撃を敢行し、敵艦二隻に大火災を生ぜしめた。この火災は敵艦列の背景を照明、敵戦艦およびこれに続行する巡洋艦群を浮び上らせたので、彼我の戦闘はここに白熱、わが水雷戦隊は全力をもって、これに突入、猛烈なる雷砲撃により敵戦艦一隻（ワシントン型）を撃沈、巡洋艦一隻（オーガスタ型）轟沈、巡洋艦一隻を大破、駆逐艦一隻轟沈、駆逐艦三隻に大火災を生ぜしめ、うち一隻を沈没せしめるの大戦果を収めたが、この戦場において我が方においても駆逐艦一隻を失った」

というものである。

『大本営機密日誌』の著者、元大本営参謀、戦争指導班長種村佐孝は、この時期の作戦についてふれながら、昭和十九年（翌年）の作戦構想として次のように書いている。

「米軍の反攻はいよいよ強くなりつつある。十一月から十二月にわたり、ブーゲンビル島沖では六回にわたり海空戦が起り、米上陸軍はニューブリテン島にとりついている。このような情勢下、明昭和十九年の作戦について、大本営の考えている構想は次のようなものである。

㈠、ラバウル方面の作戦は最も困難な状態になり、結局は同方面の部隊は玉砕するよりほかに手段がない。

㈡、太平洋方面で窮地に追いこまれた大本営は、何とかして支那方面で新局面を打開して、太平洋戦局が最悪の事態に発展して、南方との交通が遮断せられても、大陸を通じて南方軍との連絡を確保するという遠大な、しかも悲壮な決意のもとに、三、四月ころから広東・漢口線および南京・漢口線打通作戦を実施することにして、着々準備を進め、この作戦は将来対重慶作戦へ進展することもあり得る。

㈢、インパール作戦への窮極の決心はまだつきかねるが、三、四月ころ行うものとして計画準備を進める。

㈣、連合艦隊の作戦思想は逐次船舶護衛の強化へと転換し、司令部は現在日本軍の最南端にあるが、ダバオまたはマニラ付近まで移転する空気があることは否定できない。

㈤、中部太平洋方面絶対国防圏の確立を担任する海軍がどんな手を打ち、どれほど進捗しているかは、陸軍としては知りたくとも知り得ない実情にあるけれども、これに期待することは大である。

また戦争指導上の問題としては、対内的には絶対国防圏を確立すること、船舶護衛対策を確立すること、造船量を増大することが大問題であるが、いずれも海軍の健闘をまつところ大である。

対外的には、ドイツの健在を祈るが、その崩壊も考慮せねばならぬこと、日ソ間の関係については、スターリングラードが危機に瀕したとき、ソ連が日ソ国交の調整に焦慮したように、今年は日本がソ連に国交の調整を申し出なければならない事態に陥ることも、そう遠くではない。本年度枢軸側の戦勢は、東西どちらも決して起死回生の兆候は見出せない」

種村参謀がこの前段に述べているように、昭和十八年暮れから南太平洋方面で六回の海空戦が起こったと述べているが、昭和十八年十一月十二日から十五日にかけて起こった第三次ソロモン海戦までは、米国側の海軍戦史にも「この海戦を日本側では○○海戦と称す」というような註までつけている。双方の発表した戦果には大分くい違いがあるが、日本の大本営発表と米側のそれとは、その海戦のあったことについてだけはだいたい一致している。

十一月六日のクラ湾夜戦、昭和十九年一月二十九日のレンネル島沖の夜戦、昭和十九年二月一日より七日に至るイザベル島沖海戦は、米国側の記録にはあるが、第四次ギルバート諸島沖航空戦（十一月二十九日）、マキン島航空戦（十一月二十八日）は、海域の広大なこととその海戦に対する作戦目的の焦点の違いからか、米国側の戦史に記述はなく、他の海戦の一部とみなす解釈から、独立して記述しなかったのかもしれない。

ガダルカナルの敗退

日本海軍はガダルカナル島への補給に躍起だった。そして、新しい補給方法を考え出した。大きなドラム罐に、浮力をつけるだけの空間を残して医薬品や食糧を入れ、ロープでつなぎ、駆逐艦の舷側につり下げる。目的地に着いたら、ロープの端を切り、じゅずつなぎのドラム罐を海面に切り離して、駆逐艦は急反転する。すると、陸上部隊の舟艇か兵が泳いでドラム罐群に近づき、浮標をつけたロープの端をつかんで岸までひっぱり、岸では他の兵たちがこのドラム罐のじゅずをたぐりよせるのである。

この新しい試み（なんとも原始的なものだが）は、十一月二十九日の夜はじめて行なわれた。田中海軍少将は旗艦「長波」に座乗し、前後に護衛の駆逐艦一隻ずつを配し、他の駆逐艦六隻には、各艦二百個から二百四十個のドラム罐が長くつながれてのせられていた。この駆逐艦八隻よりなる補給任務の駆逐艦隊は、十一時、サボ島の西方を通過し、左に転針して、タサファロング岬へ向かった。岬に近づくと、六隻の駆逐艦は散開し、ドラム罐を切り離した。

このとき、護衛の駆逐艦から「百度方向、敵駆逐艦七隻」との信号が旗艦「長波」に送られてきた。田中少将は「荷役」をやめて戦闘配置につくように命じた。

田中艦隊に向かって突進してきたのは、カールトン・H・ライト海軍少将の率いる十一隻編成の米艦隊だった。縦陣をつくった巡洋艦五隻が、両側に三隻ずつの駆逐艦をしたがえていた。旗艦重巡ミネアポリスのレーダーは、すでに田中艦隊を捕捉していた。だが、ライトはまだ攻撃をかけなかった。十一時二十分、駆逐艦フレッチャー（艦長ウィリアム・M・コール）が「左前方六千四百メートルに敵艦」の報告をすると、ライトは巡洋艦群に砲撃開始を命じ、コールも魚雷十本を発射した。五インチ（十二・七センチ）、六インチ（十五センチ）、八インチ（二十センチ）の砲弾は田中艦隊の先導艦「高波」に集中した。

日本艦隊も旗艦ミネアポリスに魚雷二発を命中させ、大きくその艦体を揺がせ、三発目はニューオリンズに命中し、その艦首を引き裂き、弾薬庫二ヵ所を爆発させ、艦の前部は吹っとんだ。ほぼ時を同じくして、ペンサコラの左舷、メーンマスト下にも魚雷が命中して、艦はよろめき、後部機関室に浸水した。さらに日本の駆逐艦「親潮」は、すでに日本の駆逐艦により撃破されていた三隻の巡洋艦を避けながら進んでいたノーザンプトンに、魚雷二本を撃ちこんだ。ノーザンプトンは、急角度で左舷に傾き、後部は炎に包まれた。そして、浸水をくいとめるために停止した。やがて、ノーザンプトンは艦尾から沈んでいった。

この三十分間の海戦で、アメリカ部隊は巡洋艦一隻を撃沈され、三隻は大破された。レーダーも持っていない、しかも劣勢な日本艦隊に痛撃をうけたことになる。日本側は駆逐艦一隻を失っただけにとどまった。しかし、この海戦の日本側の主目的だったガダルカナル島への補給は成功せず、餓死寸前のガダルカナル島の将兵には一個のドラム罐も届かなかった。

それから二日後の夜、田中少将は二回目のガダルカナル補給を試みた。ドラム罐をひいた七隻の駆逐艦は途中で連合軍機の攻撃を受けたが、無傷のままタサファロング岬についた。曳いてきた千五百のドラムが切り離されたが、浜までひき揚げられたのは三百個前後に過ぎず、田中少将は数日後、第三回目を試みたが、そうそうは柳の下にどじょうはいなかった。むしろ今度は、米軍側にどじょうがいて、その空襲と魚雷艇の攻撃にはばまれて、全艦ひき返さざるをえなかった。

ガダルカナル島にいた百武部隊の将兵にとっては、敵はアメリカ海兵隊ではなくて、飢えとマラリアだった。病気と空腹に弱り果て、戦うために立ち上がることもできなくなった兵士たちがひしめいていた。空気は、くさりかけた死体から発散する悪臭に満ちていた。負傷者や病人に大きな青バエがたかっても、彼らはもうこのハエを追う力がなく、死体の瞳にはうじがわき、そのために瞳が動いて、死者もまだ生きているようにさえ見えたという。

ガダルカナル島の日本軍をどうするかについて、東京の市ヶ谷では、陸軍省と参謀本部の間に論争がつづき、はては参謀本部作戦部長田中新一中将と佐藤賢了陸軍省軍務局長との間の「ばかやろう」呼ばわりの喧嘩がおこった。また東条首相と田中中将との間にも、国の危機に直面している当事者、しかも分別も教養もある年配とは思えぬ、自制心を失った口論がおこるにいたった。

この口論の数年前、帝国議会で「ばかやろう」発言をして、問題を起こしたのは佐藤だったが、今度の「ばかやろう」は田中の方が先で、田中と東条のときも「こんなことをしていると、戦争は負けだ。この馬鹿野郎！」とどなったのは田中だった。

こんな見苦しい論争も、真田一郎大佐と辻政信中佐の現地報告などにより、「ガダルカナルからは、できるかぎりすみやかに全軍を撤収すべきである」という結論が出て、それまでの激しい論争に終止符を打ったかに見えた。そして、作戦課の井本熊男中佐がガダルカナルの百武第十七軍司令部と今村方面軍司令部まで、命令の伝達と作戦指導のために派遣されることとなった。

しかし、現地の各司令部の空気が、東京の決定とはほど遠いものであることは、東京を出発する前から覚悟しておかなければならないことだった。

昭和十八年一月十三日の午後、千人の兵員と補給物資を積んだ駆逐艦十隻が、ショートランド島を後にした。その一隻には井本中佐が乗っていた。エスペランス岬付近に上陸した井本が、まず見たものは、海辺にあふれる戦死体であった。

この島に関しては、それまでに数多くの敗戦の記録が伝えられ、さらには、第一線指揮官と参謀との間に確執があったことを、井本は知っていた。

丸山中将と川口少将との間の作戦上の論争に辻参謀、小沼参謀等が介在して、「川口少将は前進を拒否した」という屈辱的な汚名を着せられた川口少将は、断腸の思いをかみしめながら、辻政信中佐に対して、眼前の敵米軍に対する以上の強い憤りを抱いてガダルカナルを去っていったのだった。

川口部隊の右翼に位置してヘンダーソン飛行場を攻撃した那須部隊（第二師団〈丸山政男師団長〉）のなかでも最精鋭といわれた那須弓雄大佐の率いる歩兵第二十九連隊）は事実上壊滅していた。連隊長も軍旗も行方不明という惨敗であった。あとになって、丸山中将と百武中将が総攻撃開始命令の伝達不徹底の責任をなすりつけあった住吉砲兵隊（住吉正少将）の陽動作戦も、現地部隊は攻撃延期の命令を受けとらないまま、予定どおり（実際は一日早かった）九台の戦車を先頭に攻撃に出て、たちまち孤立無援の中でアメリカの対戦車砲の集中攻撃を浴び、対岸に達した戦車はわずか一台、それも海中にはまりこみ、波間でもがいているうちに立ち往生して、米軍の七十五ミリ戦車砲によって吹きとばされてしまった。

結局、六百名の戦死者を出して、日本軍はまったく無駄な作戦行動をしたことになった。悪夢のような思い出をふりはらい、死臭紛々たる海浜の屍を踏みこえて、井本中佐が百武軍司令部に着いたのは、一月十三日の真夜中だった。

井本は、東京を出発する前の十二月二十三日、百武将軍から大本営にあてた電報、

「糧食皆無にして、もはや一兵の斥候も出せず。敵の攻勢に対しては全く処置なし。第十七軍は餓死せんよりはむしろ全員敵陣地に斬りこみ、玉砕を希望しあり。御許し

を乞う」を知っていたが、現地に来て自分の眼でみる情勢の緊迫は想像を越えて、言語に絶するものがあった。

冷たい雨もりのするテントの中で、小沼治夫大佐は、数人の参謀とともに、黙然とだまりこくっていた。

「第十七軍のガダルカナル撤退に関する、参謀本部と今村方面軍司令官からの命令を持ってまいりました」

井本がいうと、小沼は無言のまま、隣りのテントにいる宮崎周一少将のところへ井本を案内した。ここでも井本は前と同じように来意を告げた。それまで一言もいわなかった小沼は、井本が来意を告げ終わるのを待たず、

「こんなに多数の将兵を死なせて、どうしておめおめとひきさがることができようか」

と怒号した。宮崎参謀長も憤激して、

「こうした状況のもとでは撤退作戦など夢にも考えられないことだ。命令にそむくつもりはないが、実行不可能だ。攻撃して戦死し、全員が日本陸軍の伝統の範を示さねばならない」

と言いはった。

明け方近く、百武軍司令官のところへ案内される道すがら、小沼は、「撤収は不可能だ。前線の将兵とアメリカ海兵隊（そのころにはすでに五万名に達していた）はあまりにももつれ合いすぎている。その一部が何とか乗船できたとしても、結局は船を沈められ、おぼれ死ぬ結果に終わるだろう」

とつぶやいていた。

百武軍司令官は、無言のまま井本参謀を見つめ、再び目を閉じて、おもむろに語った。

「最も受け入れがたい命令だ。すぐには決心がつかない。しばらく考えさせてくれ」

井本が軍司令官のテントを辞して、再び呼ばれたときは、もう翌日の昼近くだった。この日もアメリカ軍の日課になっている砲爆撃が、朝の静けさを破って開始され、ガダルカナルのジャングルにはその炸裂音が轟きわたっていた。

「命令に従おう」

と将軍は厳然としていった。

「しかし、非常にむずかしい作戦だ。作戦が成功するかどうか自信はもてない。ともかく、最善をつくしてみよう」

昭和十八年一月二十三日夜、ガダルカナルの第一線部隊は、ひそかにタコツボ陣地を抜け出し、エスペランス岬に向かった。これら第一線部隊は、三回に分けられ、一週間以内に撤退を完了することになっていた。次の夜も、第一夜と同じくアメリカ軍の追撃を受けず、タコツボを脱け出すことに成功した。こうして第二師団の生き残りの兵士たちは、海岸に集結を終わり、第三十八師団の残存兵力も、一月末までにはエスペランス岬に到達した。

翌二月一日夜、十九隻の駆逐艦が海岸から約一キロ以内のところまで接近し、舟艇とともに、ヤシ林に身をひそめている百武部隊に青色の信号を送る手はずになっていた。

二月一日夕、午後六時二十分、アメリカのワイルドキャット戦闘機に護衛された爆撃機二十四機が日本駆逐艦隊を攻撃してきた。しかし、一隻に損害を与えただけで、三十機の日本軍戦闘機に撃退されてしまった。そのあと、数隻の米軍魚雷艇が海岸近くまでつっこんで来た。しかし、暗闇の中に何ものも発見できず、ひき返して行った。午後十時が過ぎた。沖合からは何の信号もない。第一回の撤退は延期されたのだろうか。

そのとき、サボ島方向の暗闇の中に、青い光が明滅した。将軍も参謀も兵も、眼をこすってその青い光を確認しようとつとめた。

旗艦「金剛」に座乗する小柳富次司令官に率いられた駆逐艦十八隻の小艦隊は、その四隻が用心深くパトロールする中を、他の十四隻がこっそりと浜から七百メートル以内に近づき、エンジンをとめ、しかし錨はおろさず、薄暗がりの中から出てくるはずの陸軍の舟艇に眼をこらしていた。「金剛」はヘンダーソン基地を監視していた。「金剛」の艦橋を意味もなく歩きまわっていた小柳司令官の胸中は複雑だった。ヘンダーソン基地を飛び立ったアメリカ軍機はどこにいるのだろうか。もしアメリカ爆撃機が一機でも現われて爆撃を敢行すれば、たとえ命中しなくても大惨害となりかねない。陸軍部隊は何をしているのだろう、と気が気ではなかった。

そのとき、日本の駆逐艦の一隻の砲口が近くで火を吹いた。閃光が続いた。アメリカ魚雷艇が炎上した。艦隊が発見されたのだろうか。アメリカ魚雷艇が何隻かつっこんで来た。二隻は撃沈され、残りは撃退された。この間隙を縫って、五千四百二十四人の将兵の駆逐艦への移乗が終わった。陰気な眼つきで衰弱しきっていた陸軍将兵は、敗戦の苦悩と置き去りにしてきた戦友に対する悔恨から、無表情に、闇の中のガダルカナル島を見つめていた。

こうして日本の駆逐艦群は、アメリカ軍により、空からも海からも反撃を受けることなく、闇の中に消えていった。

二月四日午後、第二回目の撤退作戦が行なわれ、駆逐艦十九隻で四千九百七十七人の将兵の撤退を成功させたが、日本駆逐艦は一隻の損傷にとどまった。

二月七日、第三回目が決行された。午前九時半、十八隻の駆逐艦がショートランド基地を後にした。二回とも天佑に助けられて成功しただけに、小柳司令官は祈るような気持で十隻の駆逐艦を護衛の任務につけた。途中で一隻が損害を受けたので、他の一隻に命じ、曳航してひきかえさせた。これで輸送用駆逐艦は六隻だけになった。護衛駆逐艦のうち、四隻はガダルカナルに向かわせ、他はラッセル島付近に配備していた。海岸では百武軍司令官とその司令部幕僚たちが待っていた。この中には、やっとの思いで集合地点までたどりついた数百の傷病兵もいた。ショートランド島へ帰る長い航海の間、今回もまたアメリカ軍機は一機も攻撃して来なかった。こうして、二千六百三十九人がさらに撤退した。この三回の救出作戦で、合計一万三千人以上の日本兵が撤退に成功した。しかし、戦死者、あるいは死を目前にした兵士たちを残してきたことは、悔いを千載に残すことになった。

アメリカ軍の戦死者は千五百九十二人、うち海兵隊千四十二人、陸軍五百五十人であった。

ショートランドに帰りついた百武中将は、この三回にわたる奇蹟ともいえる天佑神助に感謝した。しかし、天佑とみえたものの、舞台裏にはアメリカ側が発表したがらない日本側の謀略工作があった。

二月一日、二月四日、二月八日の三日間、ガダルカナルの米軍ヘンダーソン基地は、哨戒機からの緊急通信を受けて緊張していた。二月一日には「空母二、戦艦一、駆逐艦十よりなる日本機動部隊発見」の一報が入ったが、その後この哨戒機よりのコンタクトはなかった。二月四日のときには再び別の哨戒機からの緊急通信がはいった。通信による日本艦隊の編成は二月一日に受けたものとほぼ同じで、一回目のときよりさらに位置が東北進しており、二月八日の三回目のときには、さらに日本艦隊は北上し、ウェーキかミッドウェーに近づきつつあることが報告されてきた。

東京霞ヶ関にあった海軍軍令部第三部（情報）の通信士官伊藤春樹少佐は、昭和十七年七月下旬、南西太平洋で、二つの新しい連合軍側のコールサインが設定されたことをキャッチしていた。二局とも、司令部交信帯（四千二百五キロワット帯）を使用し、真珠湾と直接に交信している状況から察して、伊藤はこの両者が、いずれも敵部隊の司令部であると判断した。八月一日にはラジオ方向探知班がはたらいて、二局のうち一つはニューカレドニアのヌーメアで、もう一つはオーストラリアのメルボルンであることをつきとめた。前者はゴームレーの司令部、後者はイギリスかオーストラリアの基地に違いないと伊藤は推理した。この状況から、連合国が近くソロモン群島かニューギニアで新しい作戦を準備している、という結論を下した。そこで伊藤は日本軍のトラックとラバウルの基地にあてて、緊急警戒指令を打電した。しかし、この警報は、両基地から無視されてしまった。

この伊藤少佐こそ、三回にわたるガダルカナル島将兵救出作戦の「天佑」の演出者であった。当時ラバウルに進出していた伊藤グループは、アメリカ軍のコールサインを使って「偽通信」を発信した。そのニセ通信は、ヌーメアから真珠湾に転送され、太平洋地域の全米軍に伝えられた。このため、米軍の関心はウェーキ、ミッドウェー方面に向けられ、アメリカ軍機は北東洋上にひきつけられることとなり、帰還途上にあった日本駆逐艦隊は無事に航行がつづけられた。伊藤少佐の通信謀略は完全に成功したわけである。もっとも、アメリカ側の海戦史は、どれも「この説を実証する記録なし」としてこの通信を黙殺している。

ところで、戦後三十年にして、第二次世界大戦中、熾烈な攻防戦が展開され、日本軍が惨めな敗退をしたこのガダルカナル島に、敵味方の恩讐をのりこえて、日米両軍戦死者のすべての英霊を合祀する大慰霊塔を建て、その周辺を平和公園とし、太平洋の永遠の平和と繁栄を祈ろうという「ソロモン平和公園」の建設計画が進められていると聞く。

この大事業推進の母体となった一人に、かつてこの島で死闘をくり返した第三十八師団参謀細川直知（当時少佐）がいる。細川は、ガダルカナルを撤退後、しばらく師団参謀としてとどまったが、昭和十八年十月、陸軍士官学校教官に転補され、終戦時には在満第三軍参謀であったため、シベリアに抑留された。終戦後も細川はガダルカナルの激戦が忘れられず、慰霊と遺骨収集のため、昭和四十九年十月、夫人とともに同島に渡り、ガダルカナル島の墓守りとして永住するということである。「ソロモン平和公園」の建立にも大きな貢献をしている。昭和五十二年、病いのため一時東京に帰ったが、病気がなおると再びガダルカナル島に引き返し、日夜島内のジャングルの中を遺骨収集に歩きまわっていると伝えられる。

ガダルカナル戦は、軍上層部のちょっとした思いつきではじまった作戦が、認識の甘さから、大きな惨劇を生むにいたった好例である。しかも、陸軍は、米軍の陸上戦闘力を甘く見て、大軍を一挙に投入する決心がつかず、小部隊を順次投入するという作戦のイロハを無視した最愚策に出て、結局、順次殲滅させられてしまった。愚将の下で戦わされる第一線将兵の悲劇の見本のようなものである。

第五章　頽勢いかんともしがたし

大本営発表さまがわり

戦況が活発に進展する間はその戦果が良くても悪くても、大本営発表の仕事が続いた。しかし、戦場が大陸から太平洋に移り、太平洋の戦況が思わしくなくなってくると、報道部の仕事は月一回の総合戦果の発表か、大陸関係のあまり重大でもない都市の陸軍航空部隊による爆撃の報道、あるいは太平洋の一隅で起こったアメリカ海軍もさして重視していない小海戦をとりあげて、報道部発表をつないでゆくのがやっとのことで、報道部の仕事の重点は、部員を座談会や講演会に派遣したり、放送を通じて国民の戦意昂揚とやらにつとめることに切りかえられていった。当時の新聞があつかっている記事を日付順に追ってみよう。

昭和十八年一月十一日——陸軍報道部長谷萩大佐は内原開拓訓練所で「軍は農村に要望す。軍人精神の培養は農民魂の発揮から」と講演。

昭和十八年一月十五日——陸軍報道部員広石少佐は新聞紙上に「機甲軍備の総力戦」という啓蒙論文を発表。

この広石少佐と陸軍士官学校時代同期だった参謀本部作戦課員高山少佐は、ある日、大本営発表のための案文をたずさえて作戦課に連帯を求めにきた広石少佐に、「敗戦のさなかに国民の士気を鼓舞するのは大変だろう。〝勝った、勝った〟と発表しながら、いつの間にか敗けていた、ではすまされぬぞ」といって笑った、とあとになって語っていた。

昭和十八年一月二十五日——陸軍報道部員佐々木中佐は新聞紙上に「世界戦争と航空戦」という一文を発表。

昭和十八年十二月二日——海軍報道部員佐々木中佐はラジオを通じて「補給戦の花形戦士、想え船員のこの苦労」と船員の苦労に対する国民の理解を呼びかけた。

昭和十六年十二月の日米開戦にあたり、海軍側は日本船舶の沈没推定量として、戦争第一年八十〜百万トン、戦争第二年以降は年々六十〜八十万トン、と考えていた。

しかし、実情はそんなに甘いものではなかった。昭和十七年は大体無難にすぎたが、昭和十八年八月ころになると、米軍潜水艦による日本の一般商船（徴用船）の沈没数が目だってきた。昭和十八年八月五万トン、同年九月五万トン、十月十万トン、十一月十万トンとなり、昭和十九年になると、一月十五万トン、二月五十五万トン（トラック島急襲）、三月三十万トン、四月二十万トン、五月二十五万トン、六月三十五万トン（サイパン陥落）、以降月平均二五万トンを下らなかった。しかもこれは沈没したものだけの数字で、このほか、これとほぼ同数の損傷船があり、この中には海軍艦船はふくまれていない。

昭和十八年十二月三日――陸海軍両報道部長、松村（陸軍）、栗原（海軍）両大佐の対談。

「撃て、砕け、敵総反攻」「断乎、食いとめ押返す秋（とき）、敵の企図はかねての覚悟」

この標題を冷静に読んでみると、その表現に、いままでにない言葉のニュアンスの違いが感じられた。「総反攻」「食いとめ」「押返す」すべていままでの報道部の語録にはなかった新語が報道部の責任者たちの口をついてとび出してきた。しかも、対談の内容そのものは空虚なものであった。しかし、この対談から、日本の強いられつつある苦境、敗戦一路に追いこまれてきている日本の本当の姿を想像できた人は少なかった。世相の一端を伝える大相撲の星取表（千代の山、神風の名もみえる）には若い力士が少なくなり、紙幣の番号抜き印刷の記事は、日本経済が破綻を来していることを物語っていた。大多数の日本国民、それまであまりにも口あたりのよい美酒をのまされ続けてきた国民は、まだその酔いからさめきれていなかったのではなかったろうか。

昭和十九年三月十日――陸軍報道部長松村大佐は、ラジオを通じて「戦いに辛勝なし」と題する放送をした。

昭和十九年六月ころは、しばらく南太平洋方面の戦況がとだえ、新聞紙面にはヨーロッパ戦線の報道があふれた。私たち報道部員も「独仏戦線を語る」など、自分の家が全焼しそうなとき、隣りの街の火事の話をするような放送をしていた。

これまでミッドウェー、ガダルカナルと次第に敗色の濃くなってきた日本は、やがて、その心臓部にあいくちをつきつけられる事態に直面させられることになった。

〔大本営発表＝昭和十九年二月二十一日〕

トラック諸島に来襲せる敵機動部隊は、同方面帝国陸海軍部隊の奮戦により之を撃退せり。本戦闘において敵巡洋艦二隻（内一隻戦艦なるやも知れず）撃沈、航空母艦一隻及軍艦（艦種未詳）一隻撃破、飛行機五四機以上を撃墜せしも、我方も亦巡洋艦二隻、駆逐艦三隻、輸送船一三隻、飛行機一二〇機を失いたる他、地上施設に若干の損害あり。

昭和十九年二月十七日、東京霞ヶ関の海軍省、軍令部一帯は騒然たるものがあった。「内南洋のトラックがやられた」「艦船だけでなく施設もやられたらしい」「奴等（トラック島にいた連合艦隊をはじめ地上海軍部隊）上陸（外出という意味の海軍用語）先で一杯やっていて、空巣を狙われたのだ」……周章狼狽、罵声怒号、手もつけられぬていたらくであった。かたや市ヶ谷の陸軍省、参謀本部では、トラック島の情報が入ってくると、あちらこちらで「あれほどいってやっていたのに、今になって何たるざまだ」「大食い（燃料消費が多いの意味）の連合艦隊があんなところにいたのがどだい間違いだ」と海軍誹謗の声にみちみち、「それ見たことか」という罵詈讒謗に変わっていった。ご存知のように、日本の陸海軍の角つきあいは、まるで戦争不在、国民不在であった。

幸いなことに、古賀連合艦隊司令長官は、二月十日、旗艦「武蔵」に一部の護衛部隊をつけ、「中部太平洋方面の防備強化」を中央に要請するため、横須賀に向かっていた。そして、連合艦隊主力はパラオ島に移動中だったので、長官と艦隊主力は無事だった。

トラック島空襲の衝撃はひどかった。「トラックにわが連合艦隊あり」ということは、頽勢一途の日本にとって、唯一のよりどころ、大黒柱のような存在と考えていたのに、今やその大黒柱の土台がたたきつぶされたのであった。「ラバウル同様、トラックも敵の勢力圏内に入っていたのか。しかし、なぜそんな危険なところに連合艦隊がいたのか」「海軍軍令部は何のためにあるのか。連合艦隊のすることに、そんなにヘイコラしていなくてはならないのか」と大声で、公然と語る海軍将校もいた。

このころになると、陸軍内部には「海軍たのむにたらず。陸軍が出ていかなければ話にならない」といった気運が台頭し、海軍の発言力はますます低下していった。しかし、そういっている陸軍にしても、確とした科学的な根拠にもとづいてのことではなくて、結局、竹槍と肉弾に頼った軽薄な強がりにすぎなかった。

日本大本営がトラック島空襲の損失を控え目に発表したように、アメリカ側の戦史もまたこの攻撃についてはふれていない。アメリカにとっては、すでに軌道にのって順調に進んでいる大きな作戦の中の単なる付帯事件にすぎなかったのだろう。彼我の戦略上の価値観の相異によるものといってよい。米軍側の記述は次のように簡単なものだった。

「今回のトラック島攻撃はR・A・スプルーアンス海軍中将の指揮する空母九隻、戦艦六隻を基幹とする機動部隊をもって、トラック所在の日本艦艇、船舶および施設を急襲したもので、十七日早朝より十八日午後まで続いた。アメリカ軍の主力艦は、制式空母五（ヨークタウン、エンタープライズ、エセックス、イントレピッド、バンカーヒル）、軽空母四（ベローウッド、キャボット、カウペンス、モンテレイ）、戦艦六（ニュージャージー、サウス・ダコタ、アラバマ、マサチューセッツ、ノースカロライナ、アイオワ）である。

日本側は練習巡洋艦『香取』、駆逐艦『舞風』『追風』『太刀風』、タンカー五隻、貨物船と軍隊輸送船九隻、特殊船七隻等合計四二隻、二三万三〇〇〇トンが海底に消えた」

マリアナ沖海戦

サイパンに米軍が上陸し、日本軍守備隊との間に死闘がくりかえされていた昭和十九年六月十九日、サイパン西方の海上で、日本の運命を賭した「あ号作戦」（日本ではマリアナ沖海戦、アメリカ側はフィリピン海海戦と呼んでいる）がはじまった。

〔大本営発表＝昭和十九年六月二十三日〕

我が連合艦隊の一部は、六月十九日、マリアナ諸島西方海面において、三群よりなる敵機動部隊を捕捉、先制攻撃後戦闘は翌二十日に及び、その間、敵航空母艦五隻、戦艦一隻以上を撃沈破、敵機一〇〇機以上を撃墜せるも、決定的打撃を与うるに至らず。我方航空母艦一隻、付属輸送船二隻及び飛行機五〇機を失えり。

この発表に際して、栗原海軍報道部長は「サイパン戦局をめぐる現下の戦局」についての談話を発表し、米軍の来襲兵力と今後の企図を説いて、開戦以来の重大戦局なり、と強調している。

日本側からのくわしい発表はないが、米国側の戦史による日米交戦の経過は、次のようなものであった。

▽日本艦隊の編制

第一機動艦隊（司令長官海軍中将小沢治三郎、第三艦隊長官兼務）

第二艦隊（司令長官海軍中将栗田健男）

第一戦隊　「長門」「大和」「武蔵」

第三戦隊　「金剛」「榛名」

第四戦隊　「愛宕」「高雄」「摩耶」「鳥海」
第五戦隊　「妙高」「羽黒」
第七戦隊　「鈴谷」「利根」「筑摩」
第二水雷戦隊　「能代」「鳥風」
　　　第二十七、第三十一、第三十二駆逐隊
第三艦隊（司令長官海軍中将小沢治三郎兼務）
第一航空戦隊　「大鳳」「瑞鶴」「翔鶴」
第二航空戦隊　「隼鷹」「飛鷹」「龍鳳」、第六五二航空隊
第三航空戦隊　「千歳」「千代田」「瑞鳳」、第六五三航空隊
第四航空戦隊　「伊勢」「日向」、第六三四航空隊
第十戦隊　「矢矧」、第四、第十、第十七、第六十一駆逐隊
付属　「最上」、第六〇一航空隊（司令入佐俊彦中佐）
日本艦隊計八十隻、艦載機計四百三十機
▽米国艦隊の戦力　指揮官第五十八機動艦隊司令官ミッチェル海軍中将
正規空母七隻　ホーネット、ヨークタウン、バンカーヒル、ワスプ、エンタープライズ、レキシントン、エセックス

軽空母八隻　ベローウッド、バターン、モンテレー、キャボット、プリンストン、
　　　　　　サンハーシント、ラングレー、カウペンス
その他を加えて、米国艦隊計九十三隻、艦載機計八百九十一機

戦闘の状況は、昭和十九年六月十九日、午前七時三十分から八時三十分の間に、まず日本の第一次攻撃隊の二百四十四機が出撃。敵との距離三百カイリ。午前十時、第二次攻撃隊八十二機出撃。

第一次攻撃隊は敵の強力な反撃に会い、敵艦上空まで突入できたものは少数にすぎず、米戦艦サウスダコタに命中弾を与え、二十七名の戦死と二十三名の負傷を与えたのみ。第二次攻撃隊は、その主力が再攻撃を行なう目的でグアム島へ着陸を企てたが、同島上空で敵戦闘機と交戦し、大半を失った。

この間、旗艦「大鳳」と「翔鶴」は敵潜水艦の攻撃を受けて沈没した。小沢長官（第一機動艦隊司令長官小沢治三郎中将）は「若月」を経て午後四時、重巡「羽黒」に移乗して作戦指揮を継続した。四百三十機の艦載機のうち三百十五機を失い、翌二十日のための実働可能機は百機となった。

六月二十日、正午、小沢長官は、将旗を「羽黒」より「瑞鶴」に移し、攻撃続行を

決意した。しかし、夕刻米艦載機に捕捉され、空母「飛鷹」、タンカー玄洋丸、清洋丸を失い、その上、空母「瑞鶴」「隼鷹」「千代田」、戦艦「榛名」、巡洋艦「摩耶」のほか補給艦一隻が被害をこうむった。午後九時、明くる二十一日の実働可能は三十五機となったことを知った。

アメリカ側は十九日には二十四機が撃墜され、六機が行方不明になっただけであった。二十日はさすがに百機におよぶ損害を受けたが、パイロットの死傷は四十九名であった。小沢中将の第一機動艦隊の艦船合計八十隻、艦載機合計四百三十機。ミッチェル中将の第五十八機動艦隊の艦船合計九十三隻、艦載機合計八百九十一機。日本はこの作戦に一国の運命をかけ、起死回生の艦隊決戦を展開したが、日本連合艦隊は壊滅的な打撃をうけ、事実上この日が日本海軍の最期の日となった。これが世にいうマリアナ沖海戦（サイパン沖海戦ともいう）で、アメリカ側では「この海空戦の結果、サイパン、テニアン、グアムにある日本軍がどんなに勇敢に戦ったところで、死滅以外に道はなくなった」といった。

この日まで、日本艦隊の勝利、後続陸軍部隊の救援を信じて、南海の孤島に死んで行った兵士たちは浮かばれない。サイパン沖からアメリカ艦隊が忽然と姿を消した日に、とびあがってよろこんだサイパンの日本軍兵士たちは、ヌカよろこびにがっかりさせられただけで、太平洋の戦局は新しい段階（小笠原、沖縄の線）に後退し、サイパン島は南海の捨て子となる運命に蹴落とされた。

六月二十二日午後二時、東条、嶋田の両総長は、サイパン島放棄のやむを得ざることを天皇に上奏している。

台湾沖航空戦

昭和十九年も十月半ばをすぎると、台湾沖で戦局が動き出し、しばらく大本営発表が続いた。

〔大本営発表＝昭和十九年十月十五日十五時〕

台湾東方海面の敵機動部隊は、昨十四日来東方に向け敗走中にして、我部隊は此の敵に対し反復猛攻を加え戦果拡張中なり。現在までに判明せる戦果（既発表のものをふくむ）

轟撃沈＝航空母艦七隻、駆逐艦一隻。

（註）発表の艦種不詳三隻は航空母艦三隻なりしこと判明せり。

撃破＝艦空母艦一隻、戦艦一隻、巡洋艦一隻、艦種不詳一一隻。

この発表は栗原海軍報道部長によって「遂に起った帝国海軍は、決然と驕敵撃滅にむかい、ほとばしり出る闘魂をもってたち向った。今こそ、必ずや、あらゆる困苦に堪えてきた国民に報いてくれるであろう」と解説された。続いて、

〔大本営発表＝昭和十九年十月十六日十五時〕

我部隊は引続き追撃中にして現在迄に判明せる戦果（既発表の分を含む）轟撃沈＝航空母艦一〇隻、戦艦二隻、巡洋艦一隻。撃破＝航空母艦三隻、戦艦一隻、巡洋艦四隻、艦種不詳一一隻。

〔大本営発表＝昭和十九年十月十六日十六時三十分〕

敵機動部隊の一群は味方部隊収容の為別働して、十月十五日午前比島マニラを空襲せり。同方面の我航空部隊はこの敵を邀撃、同島東方海面において反覆之を猛攻し、左の戦果を得たり。撃沈＝航空母艦一隻。撃破＝航空母艦三隻、戦艦もしくは巡洋艦一隻。撃墜＝三〇機以上。本戦闘に於て我方若干の未帰還機あり。

〔大本営発表＝昭和十九年十月十七日十六時〕

我が航空部隊は十月十六日、台湾東方海面において新に来援せる敵機動部隊を邀撃し、航空母艦、戦艦各一隻以上を撃破せり。

〔大本営発表＝昭和十九年十月十九日十七時三十分〕

一、輸送船団を伴える敵艦隊は、十月十七日、比島レイテ湾に侵入、同十八日午後以降同湾沿岸に対し砲爆撃を実施中なり。
二、同方面の我部隊は陸海協同之を邀撃中なり。
〔大本営発表＝昭和十九年十月十九日十八時〕
我部隊は十月十二日以降、連日連夜台湾及ルソン東方海面の敵機動部隊を猛攻し、其の過半の兵力を壊滅して之を潰走せしめたり。
㈠、我方の収めたる戦果綜合次の如し。轟撃沈＝航空母艦一一隻、戦艦二隻、巡洋艦三隻、巡洋艦もしくは駆逐艦一隻。撃破＝航空母艦八隻、戦艦二隻、巡洋艦四隻、巡洋艦もしくは駆逐艦一隻、艦種不詳一三隻。其の他火焔火柱を認めたるもの一二を下らず。撃墜＝一一二機（基地に於ける撃墜を含まず）
㈡、我方の損害　飛行機未帰還三一二機。
（註）本戦闘を台湾沖航空戦と呼称す。

この大本営発表に当たって、栗原海軍報道部長は「敵は大東亜の堤防の一角フィリピンに対し、ニミッツ艦隊を右腕とし、マッカーサーの軍隊を左腕としてのしかかって来た。今や右腕たる敵機動部隊には一大痛打を与えた。今度こそは、左腕を根本からへし折らねばならぬ。全国民うって戦争一本になるなら、必ずこの腕をへし折ることができる。戦争は今や真に決戦段階に入った。日本国民は今日の戦果に応え、また将来の勝利を確信し、全力をあげて御奉公すべきときである」という談話を発表した。

種村大本営戦争指導班長のこの日の『大本営機密日誌』には、「本日（昭和十九年十月十二日）、台湾沖海戦における海軍航空隊の大戦果が発表され、久しぶりに、軍艦マーチが放送の電波にのって鳴り響き、天皇陛下より御嘉賞の勅語さえ拝した。（註）後日これ等はすべて幻想ともいうべき実在しない海戦であったことが判明した」と書かれている。

日本の首脳部は、これまでたびたび国民をだまし続けてきたが、ここに至って、遂に最高権力者の天皇までだましたということになる。こういった欺瞞や糊塗はそのとき始まったものではなかった。これこそ、軍が完全に官僚主義に毒されきっていたことを示す好例である。軍は書類の上の功名のみをきそい、現場の現実を直視する真の勇気をもたぬ者どもの集団であり、しかもそれを恥とも思わず、国民の上に君臨していたのである。破廉恥そのものといわれてもしかたがない。

昭和十七年のおおみそか、御前会議の席で、杉山参謀総長と永野軍令部総長は、天皇にむかい、ガダルカナルとニューギニアのブナから撤退したい旨を正式に上奏した。

この時、天皇は永野に「アメリカ軍はわずか数日で飛行場を建設できるのに、日本軍は一ヵ月以上もかかるのはなぜか。何とか改善したらどうか」と詰問された。

昭和十八年一月、杉山参謀総長は、今度はニューギニアのブナの失陥を上奏報告しなければならなくなった。そのとき「ラエは大丈夫だろうな」との下問をうけたのに、数週間後にはラエへの増援部隊輸送の失敗を報告しなければならなかった。そこで「ラエやサラモアが第二のガダルカナルにならないように、十分に作戦を練ってもらいたい」という、考えようによっては重大な再度の詰問を天皇から受けた。

昭和十九年二月、東条首相は参謀総長を兼任することになり、そのころの首脳部会議で「マリアナ、カロリンの陸上軍備は今や十分整備されているので、連合艦隊は陸上作戦に心配することなく、思いきって独自の海上作戦をするようにと天皇のご発言があった」と述べている。

いったい軍の首脳たちは、どのような科学的な根拠があって諸般の経過に対処していたのか、私などには想像もつかない。会議の席上、希望的な観測をのべあって、それでことがたりるならば、参謀総長など誰にでもできる。草野球の監督でも、もう少し勝敗の見きわめをつけているものだろう。

一方、連合軍の方はというと、一九四三年（昭和十八年）十一月二十二日には、ルーズベルト、チャーチル、蔣介石がカイロ会談を行ない、十一月二十八日にはルーズベルト、チャーチル、スターリンによるテヘラン会談が行なわれていた。そして、それらの会談で煮つまった戦争終結への展望にもとづいて、「日本撃破の全般計画」がきまり、十二月下旬には早くも連合軍参謀本部からマッカーサー将軍とニミッツ提督に対し、きわめて具体的な作戦計画が指令されていた。

それは、陸海両軍がたがいに手をたずさえ、日本軍占領地域の中枢にむかって、二方向から同時に進攻すべしとするもので、昭和十九年度一年間の作戦はすでに次のように決まっていた。

	中部太平洋	南西太平洋
1月1日～31日	マーシャル諸島占領	ニューブリテン占領
3月20日		カビエン占領
4月20日		アドミラルティ、マヌス占領
5月1日	ポナペ占領	
6月1日		ホーランジア占領
7月20日	トラック占領	

ボゲルコプ半島まで西進

8月15日　マリアナ諸島占領

10月1日　マリアナ基地より日本本土空襲開始

12月31日

連合軍がこのような具体的な作戦をたてて一つ一つ実行に移してゆくのに対し、日本の首脳たちにできることといえば、耳にたこができるような精神論のくりかえしだけであった。「必勝の信念」「大御心を奉じ」「一億一心」「八紘一宇」「聖戦完遂」「断乎撃滅」「向かうところ敵なく」「勝利はあと一歩」……何というむなしい言葉の羅列であろう。官僚の作文だけでは戦争はできない。こういう無内容、無感動の言葉を適当に操作していれば、知らぬまに勝利がころげこんでくる、とでも思っていたのであろうか。明治以来の「形式主義教育」の非科学性のツケが、この国家の一大時期になってまわってきたというべきであろう。

近代戦争が、国と国との間の「総力戦」であることは、言葉としては誰でも知っていた。総力というのは、武力だけではなく、経済、政治体制、教育文化までもふくめた、その国の総合的な力量を指していると考えていいだろう。

自分の力量は思い上がりの身びいきで計算し、相手の力量ははなからバカにしてまじめに考えようとしない態度をとるものがあるとすれば、今の時代だったら、おそらく係長クラスのポストすら与えられないのではなかろうか。ところが、当時の軍をはじめいたるところに、この思い上がりが蔓延していた。恥ずかしい話だが、もちろん、私もその一人だったろう。冷静な判断を下す者は「敗戦主義者」「腰ぬけ」として排除され、口先だけで実態のない精神主義をふりまわす者ばかりが愛国者の風を装って横行していた。

　こういう風潮を識者は「亡国のきざし」と呼ぶのだろうが、そういう識者の口はすべて強権によって封じられていた。そして、私はその封じる方の側にいた。

フィリピン沖海戦

　昭和十九年十月ころの大本営発表を拾ってみると、

〔大本営発表＝昭和十九年十月二十五日十六時〕

我艦隊は昨二十四日以来比島東北海面の敵機動部隊竝に輸送船団に対し海空相呼応し之を猛攻中にして現在迄に判明せる戦果次の如し

　撃沈＝航空母艦四隻（エンタープライズ型を含む）、巡洋艦二隻、駆逐艦一隻、輸送船四隻以上。

撃破＝航空母艦二隻、戦艦一隻、巡洋艦二隻。
我が方の損害＝巡洋艦二隻、駆逐艦一隻沈没。
〔大本営発表＝昭和十九年十月二十六日十六時三十分〕
一、レイテ島の我陸上部隊は十月二十日以降タクロバン南方及ドラッグ付近に上陸せる約三箇師団の敵を邀撃奮戦中なり。
二、我航空部隊は十月十九日以降、レイテ湾内の敵輸送船団及其の護衛艦隊を連続攻撃中にして、我艦隊亦二十五日未明同湾内に突入之に強襲を敢行せり。現在迄に確認せるレイテ湾に於ける綜合戦果（自爆未還機の収めたる戦果は含まず）次の如し。輸送船＝轟沈五隻、炎上一一隻、擱坐四隻、撃破二隻。航空母艦＝撃破二隻。戦艦＝擱坐一隻、撃破二隻。巡洋艦＝撃沈二隻、撃破三隻。駆逐艦＝撃沈一隻、撃破三隻。大型上陸用舟艇＝撃沈一七隻、撃破炎上二隻。
我方損害　戦艦沈没及中破各一隻の外若干の自爆未還機あり。
〔大本営発表＝昭和十九年十月二十六日十七時〕
比島東方海面に於ける彼我海空の戦闘は、依然継続中にして、現在迄に判明せる戦果の追加次の如し。撃沈＝航空母艦二隻、巡洋艦一隻。撃破＝航空母艦四隻。
〔大本営発表＝昭和十九年十月二十七日十六時三十分〕

十月二十四日より同二十六日にわたる彼我艦隊の比島東方海面の戦闘に於ける戦果ならびに被害次の如し。

一、綜合戦果　撃沈＝航空母艦八隻、巡洋艦三隻、駆逐艦二隻、輸送船四隻以上。撃破＝航空母艦七隻、戦艦一隻、巡洋艦二隻。撃墜＝約五〇〇機。

二、我方の損害　艦艇沈没＝航空母艦一隻、巡洋艦二隻、駆逐艦二隻。未帰還飛行機一二六機。

右の他、昨二十六日発表の如く、レイテ湾に於て戦艦一隻沈没、一隻中破の損害あり。

（註）本戦闘をフィリピン沖海戦と呼称す。

〔大本営発表＝昭和十九年十月二十七日十五時〕

我航空部隊は引続きレイテ湾内の敵艦船及レイテ島に上陸せる敵部隊を攻撃中にして、二十五日夜間収めたる戦果中現在迄に判明せるもの次の如し。輸送船撃沈一隻、炎上六隻、撃破一一隻、外に二十六日炎上中のもの二九隻。巡洋艦＝撃沈一隻、駆逐艦＝撃破一隻、巡洋艦又は駆逐艦＝撃沈一〇隻、油槽船＝撃破一隻、艦型不詳＝撃破三隻、飛行機＝撃墜二機、炎上又は撃破＝七〇機以上。敵上陸地点炎上＝一七箇所（内四箇所大爆破）

ここで再び『大本営機密日誌』の昭和十九年十月二十四日の項をみてみよう。

「本二十四日早朝、連合艦隊は、敵機動部隊と接触、戦闘が開始された。敵航空部隊の重囲の中にあって、我に救援する部隊もなく、陸海両統帥ともに憂色あふれ、作戦の前進、連合艦隊の前途はどうなるのだろう……心痛の極。

サンフランシスコより、レイテ方面では米軍大勝、日本艦隊の大半を撃滅との詳報が手にとるように放送されてくる。同盟通信の㊙特別情報はそれぞれ各界に配布され、有識階級の人はもうとっくに大本営発表を信じなくなり、サンフランシスコ放送を信じるという状態であった」

と述べている。

捷号作戦・神風特別攻撃隊

『大本営機密日誌』は、その日の項に「特攻隊は続々と内地の基地を出発して行く。必死必殺部隊だ。征くものも、送るものも、胸痛し」と悲痛な思いを吐露している。

昭和十九年十月二十八日十五時、海軍省（大本営発表ではない。従って軍艦マーチもない）はむしろ「海ゆかば」を前奏するのがふさわしいような発表をしている。

「神風特別攻撃隊敷島隊員に関し連合艦隊司令長官は左の通り布告せり。

布告　海軍大尉関行男他四名（階級氏名略）。神風特別攻撃隊敷島隊員として、昭和十九年十月二十五日〇〇時スルアン島の〇〇度〇〇カイリに於て中型航空母艦四隻を基幹とする敵艦隊の一群を捕捉するや必死必中の体当り攻撃を以て航空母艦一隻撃沈、同一隻炎上撃破、巡洋艦一隻轟沈の戦果を収め悠久の大義に殉ず。忠烈万世に燦たりというものである」

比島決戦にはじめてその名を現わした神風特別攻撃隊は、その別名を必死必殺隊という。その昔、「元寇の役」に際し、来襲した元の軍隊を覆滅し、日本の危急を救ったといわれる神風に我が現身（うつつみ）をもって代え、敵米英の来寇によって重大竿頭に立たされている現戦況の危急を、必中の体当たりをもって救わんとする意気から結成されたものであった。この特攻隊を神風隊と総称し、そのなかに敷島隊、大和隊、朝日隊、山桜隊と菊水隊の諸隊があった。死所を得れば鮮やかに散る古来の大和魂を詠じた「敷島の大和心を人とわば朝日に匂う山桜花」の一首からそれぞれの隊名を選んだものであったろう。また菊水隊とは楠公父子の七生報国の精神にちなんだものであった。このとき神風隊の第一陣として散っていった隊員は、隊長の二十四歳をはじめとし、二十一歳、二十歳の若者たちで、身をもって祖国防衛の神風たらんことを期して、敵艦へ突っこんで行ったのである。

それにひきかえ、彼らの純真な心情におぶさって、なすところがなかったばかりか、おめおめと戦後に生き残った私たち上級将校たちは、いったい何をしていたのだろう。生き残ったものたちの敗戦責任のなすりあいは、日本社会の道義観を根底から破壊し、見苦しいかぎりであった。

神風特別攻撃隊は、昭和十九年十一月ころになると、次々と編成され、基地を飛び立っていった。その戦果は米軍にとっても脅威の的となり「カミカゼ」は彼らの恐怖心の合言葉になった。

さきの敷島隊、大和隊、朝日隊、山桜隊、菊水隊に続き、新編された神風特別攻撃隊は、その名称だけでも、万朶隊、靖国隊、八紘隊、右近隊、聖武隊、時宗隊、桜花隊、富嶽隊、初桜隊、彗星隊、若桜隊、梅花隊など十指に余る数に上り、それぞれもったいないような若い生命が散華している。

当時、サンフランシスコ放送は、昭和十九年十月十七日レイテ島に米軍が上陸したと報じていた。「まさか」と思われていたが、十八日になると、それが真実であることが判明した。ここで日本は、かねて準備をしていた最後の作戦を発令しなければならないことになった。この作戦は本土周辺で起こる戦闘行動を予想してたてられた計画で、「捷号作戦」と呼ばれ、それぞれ発動の期日を次のように予想していた。

捷一号作戦（比島方面決戦）　昭和二十年八月末
捷二号作戦（台湾、南西諸島方面）　八月末
捷三号作戦（北海道を除く本土決戦）　十月末
捷四号作戦（千島、北海道決戦）　十月末

この本土決戦の計画は、すでに昭和十九年二月にはでき上がっていたもので、同年二月七日には、内地の各軍司令官を集め、大本営第一（作戦）部長より伝えられていた。その要旨はおおよそ次のようなものであった。

「敵の今後の企図はまず、支那沿岸に上陸しついで日本本土に上陸するという場合と、南西諸島を奪取した後、本土に来る場合との二つが考えられるが、どちらにしても昭和二十年八月、九月以降に実現される公算が多い。従って、本土決戦の準備は本年中期までに完成しなければならない。本土における地上邀撃戦闘の要訳は、二週間以内に二十個師団を集結し、かつ一方面の戦場について敵の三倍の火力を集中するにある。本土兵力集中については、鉄道は期待し得ないから、夜間の機動によるものとする。本土の兵力配置は、奥羽五箇師団、関東十箇師団、東海五箇師団、中部四箇師団、九州四

箇師団、東海・関東・奥羽の予備五箇師団、中西部予備三箇師団、南朝鮮三箇師団とする」

というもので、本土決戦用に計三十九箇師団をあてていた。

比島作戦

昭和十九年十月十二日、台湾沖海戦の大本営発表が、あまりにも事実と異なることがだんだん解明されてくるにしたがい、大本営発表は極度にその回数が少なくなってきた。日本軍の敗戦への転落は急テンポに進み、むしろこの事実をこそ国民の前に発表すべき事態がひき続いて起こってきていた。次に起こった米軍のレイテ島上陸作戦は、太平洋戦争の縮図ともいうべき、まことに悲劇的な戦闘であった。この戦闘の経緯と、終幕にいたる背景およびその実相を、大本営発表にかわって伝えておかねばならない。

日本国民をあれほど狂喜させ、興奮に追いこんだ「台湾沖航空戦」の戦果は、翌十六日、米軍空母十三隻が比島東方海上にいるのを偵察機が発見し、さらにその翌日、四群の米軍機動部隊を同一海域で発見したのを契機に、はなはだ怪しいものであることがわかってきた。偵察機の報告に疑問を持った大本営海軍部が調査したところ、大戦果として発表した大本営発表は、いくら有利に見ても「空母四隻撃破」した程度だという結論となった。ところが、この結論は故意か過失からか、大本営陸軍部に通報されなかった。

十月十八日、レイテ湾は風速三十メートルの暴風雨だった。レイテ島守備に当たった第十六師団（牧野四郎中将）から次のような通報が関係部隊に打電されてきた。

「敵軍艦艇多数レイテ湾内に進入しあるも、師団の判断としては、侵攻のため進入せるものなりや、あるいは暴風雨避難のため入港せるものなりや、あるいは台湾沖の戦闘に於て損傷を受けた一部艦船が遁入したものなりや、不明なり」

すでに述べた事情から、軍も方面軍も大本営も、この事実に対する的確な判断を下すことができなかった。そもそも、大本営は比島の作戦について次のような結論を出していた。

一、ルソン島に敵が来攻した場合には、空、海、陸の総合作戦を指導する。

二、中・南部比島に来攻した場合には、海上決戦を行ない、地上軍の作戦は実施しない。

その理由としては、この方面の兵力が相対的に少ないことと、比島全域に地上兵力を行動させることは、空海の敵の妨害により極めて困難であろう、という判断であった。ところが、今回の台湾沖航空戦で大戦果を収めたからには、中・南部比島地区への地上兵力の移動は可能であり、地上決戦の指導も可能である、という判断に変わった。虚偽の誇大発表が、かえって自分たちの判断を誤らせ、作戦の方途を誤ったいい例である。

一方、現地では、十八日朝以来、風雨をついて延べ四百機の米軍機が来襲し、レイテ島内の重要飛行場は波状攻撃をうけていた。午後には、多数の米軍艦艇が湾内深く進入して、掃海と艦砲射撃を実施した。

台湾沖であれだけ損害をうけたはずの連合軍が、レイテ島で新作戦を開始したということは、明らかに敵の錯誤である。今こそ、空、陸、海の戦力を集中してこれを撃破しなければならない。まさに天が与えてくれた千載一遇の好機である。大本営陸軍部は、こう考えて、従来の作戦計画を変更し、総決戦を決意した。十月二十日のことである。

だが、比島方面の現地最高指揮官である第十四方面軍司令官（山下奉文大将）は、これとは違った意見を持っていた。今までの連合軍の堅実な作戦ぶりから判断して、今回の米軍のレイテ侵攻作戦は、彼らなりの「確信」があってのことではないのか。台湾沖海空戦の大本営発表と現地の作戦指導とを直接結びつけることは危険である。

それに、第十六師団以外には何の準備も行なわれていないレイテ島で、地上決戦を指導することは、輸送力、作戦準備等の関係から、うまく行くとは思えない。しかも、万一レイテ決戦を行なって失敗すれば、比島全般の作戦指導は破綻し、収拾がつかなくなることは目に見えている、という意見であった。

しかし、二十二日、大本営のレイテ決戦に同意していた南方軍総司令官寺内元帥は、山下大将を呼んでレイテで決戦を行なうよう説得した。

この日、次の南方総軍命令が発令された。

一、驕敵撃滅の神機到来せり。

二、第十四方面軍は空海軍と協力し、なるべく多くの兵力をもってレイテ島に来攻せる敵を撃滅すべし。

現地第十六師団の正面では、圧倒的に優勢な米軍上陸部隊の攻勢に、十月二十日、ついに米軍の上陸をゆるすことになった。海軍の劣勢を日ごろののしって大言壮語をくりかえしていた陸軍が、今度は火の粉をあびることになったわけである。

実際はその陸軍もまた、優勢な米軍の前にあたら若い兵士の生命をむだ死にさせながら、敗退につぐ敗退をつづけるだけであった。ミンダナオ島の第三十師団から歩兵二個大隊、ビサヤ地区の第百二師団からも歩兵二個大隊がレイテに増強されることになり、つづいてそれぞれの師団主力と第一、第二十六、第十六師団をふくめて、実力四個師団の兵力でレイテ島決戦を行なうことが決定された。

レイテ決戦を直接指導する第三十五軍（鈴木宗作中将）は、すでに第十六師団が連合軍の強襲を受けて組織的戦闘力を失いかけている状況からして、とりあえず新たにレイテ島に到着する部隊兵力によって連合軍のカリガラ平地突入を阻止させることとし、ルソン島からの増加兵団の到着を待って、カリガラ平地で遭遇戦を指導し、米軍に決戦を求める方針をたてた。

この作戦計画は、先遣部隊が敵の前進を阻止できることと、後続兵団が戦場に無事到着する、という二つの条件が満足されなければならなかったが、実際の戦況はこの二つの条件がともにくずれてしまったのであった。くずれたときはどうするか、という作戦はまったくできていなかった。

十一月三日ころ、連合軍は予想外に早く、日本軍の後方まで突入してきて、陸軍首脳が考えていたカリガラ平地をはるか過ぎた所で、地上作戦が強要される状態であった。日本軍の増援部隊の輸送についていえば、十一月十一日、第二十六師団主力をのせた輸送船五隻が全部沈没するといった戦況であった。

それでも、日本の国運をかけた決戦であるという第一線部隊の自覚にもとづく奮戦により、十一月下旬には戦勢混沌として、米軍が一度占領した飛行場を日本軍が奪回するところまで押し返した。

この間の日本陸軍の戦死者五万六千二百六十三名、米軍の戦死者は二千八百八十八名にのぼった。錯断と誤判は、戦闘中にしばしば起こることのあるものではあるが、「台湾沖航空戦」に関するそれは、そんななまやさしいできごとではなかった。加えて、陸海軍間の情報交換さえ充分に行なわれていなかったというに至っては、おそらく世界戦史上皆無といってよいような汚点を残した、というべきであろう。思えば、日本の軍隊は、巨大な官僚集団であって、科学的な戦闘集団ではなかったのだろう。

レイテ進攻のため北方側面の日本軍を無力化する任務を与えられたハルゼー提督指揮下の高速空母部隊は、昭和十九年十月十日には沖縄を、十一日にはルソン飛行場を、さらに十二日には台湾にあった日本軍航空基地に対して五日間にわたる航空作戦を開始した。

これに対して、日本海軍は、ハルゼー艦隊を撃滅するため、母艦機といわず基地機といわず、保有中のほとんど全部（九百機）の航空兵力をつぎこんで反撃に転じた。

台湾沖海空戦では、日本大本営の発表に反して、実際には、米国側は一隻の艦船も撃沈されず、ただ二隻の巡洋艦が大破したに過ぎなかったが、日本側は逆に六百五十一機以上の飛行機と多数のパイロットを失い、マリアナ沖海戦後に営々として再建された航空部隊は消え失せていた。こうしてレイテ島・フィリピン戦局の危機を前に、日本の有力な機動部隊は、翼のない艦隊となりはて、この時点でレイテ湾海戦の勝ち目はすでに失われていたのだった。長いこと国民をあざむいてきたバチが軍自体の全身にまわってきたというべきだろう。

日本の賭は裏目に出た。ということは、十月二十六日までの間にレイテ湾海戦は米軍の勝利のうちに終わり、日本海軍の各部隊（栗田、小沢、志摩、西村）はあるいは撃破され、あるいは米軍空母機の到達距離外に退去してしまったからである。こうして米軍のフィリピン上陸作戦に対する日本軍の反撃力はおおかた除かれ、その全水上兵力は甚大な損害をこうむった。

米国側は、軽空母（プリンストン）、護衛空母二、駆逐艦一、合計六隻の戦闘艦艇を失っただけなのに対し、日本側は空母四、戦艦三、巡洋艦十および駆逐艦九、合計二十六隻を失った。両海軍の相対的兵力および回復力の関係から見て、日本海軍の打撃は六対二十六の比が示すよりもはるかに大きな開きを生じた。

レイテ湾海戦の報告がワシントンに届いたとき、米軍作戦部長キング提督は、栗田艦隊中央部隊が米軍に発見されることなくサンベルナルジノ海峡を突破してレイテに向かい、サマール沖海戦で第七艦隊（マッカーサー指揮下）護衛空母群を攻撃したなりゆきが、どうしても腑に落ちなかった。

大体、キンケードの第七艦隊の任務は、輸送揚陸を支援して第六軍にレイテを攻略させるにあった。同艦隊は上陸作戦支援のために特に編成され、多数の巡洋艦や駆逐艦の砲撃部隊のほかに支援射撃用の旧式戦艦群、さらに上空援護や直接支援のための十八隻の護衛空母部隊まで持った大兵力であった。一方、ハルゼーの第三艦隊（高速空母機動部隊）はキンケード艦隊を援護し、あわせてこの方面に脅威を与える日本海軍と航空兵力を撃破するよう、ニミッツ提督から命ぜられていた。さらに、ハルゼーの受けた指令には、もし日本艦隊の主力を撃破する好機がつかめたり、その機会を求めることができるような場合には、それがハルゼー艦隊の主任務となることが規定されていた。

二十四日にシブヤン海で栗田艦隊に与えた損害は、ハルゼーに、栗田艦隊はこの損失によってもはやレイテ湾突入を断念し、反転後退したものと判断させた。ハルゼーは、日本の空母群をもとめて北方の索敵を命じた。そして、二十四日午後になって、小沢中将のひきいる北方部隊が南下しているのを発見した。

翌日ほとんど一日を費やして、ハルゼーがエンガノ岬沖で小沢部隊を攻撃しているあいだ、キンケードは、北方にはハルゼーが頑張っていて、ひきつづき援護してくれるものと錯覚して、スリガオ海峡に大型艦を集結してしまった。予期しない通信の誤りや、遅延の連続によって、二十五日夜明け直後、栗田部隊によって、その護衛空母群がいきなり攻撃されるまでは、キンケードは海峡の出口が空っぽだったことを知らなかった。

栗田部隊が反転して後退したと思ったのは、ハルゼーの誤判だった。栗田提督は、戦艦「武蔵」が撃沈されたにもかかわらず、なお断乎として進撃をやめず、レイテ湾めがけて突進した。栗田は米国海軍が失った六隻のうち五隻の艦艇をサマール沖で沈めた。この戦果のかげには、ハルゼー艦隊を自分の方にひきつけてよく「おとり」部隊としての任務を果たした小沢艦隊のあったことを忘れてはならない。

昭和十九年十月二十六日の夕方、日本艦隊の損失は合計大型空母一、軽空母三、戦艦三、重巡六、軽巡四、駆逐艦九、飛行機四百機に達し、日本海軍はもはや組織的な海軍力としては存在しえなくなった。かろうじて生き残った日本海軍艦艇も、米空母機、米潜水艦の好餌となって消耗の一途をたどった。

日本大本営は、レイテ作戦での作戦指導に失敗した後、次の連合軍の攻撃目標はルソン島であろうと予測し、その準備にすべての努力を傾注した。

大本営にしても南方軍にしても、当面、海軍と空軍の協力が期待できず、しかも第十四軍が陸上兵力と軍需品をレイテに拠出転用してしまった今となっては、決戦などとても考えられず、ひたすら持久戦に切りかえる以外に方法がないことを承知していた。十二月十九日、方面軍が立案した作戦計画は次のようなものであった。

一、方面軍は、主力で北部ルソンの要域を、一部でマニラ東方山地とクラーク西方山地を確保して、それぞれ自活自戦、永久抗戦の態勢をととのえ、互いに策応して、敵軍主力をルソン島に牽制、拘束し、敵の撃砕とその戦力の減耗を図る。

二、方面軍主力（第十、第十九、第二十三、第百三師団、戦車第二師団、独立混成第五十八旅団）は、リンガエン湾東岸からバレル湾北岸を連ねる以北の山岳地帯を確保し、特にバギオ地区に大拠点を造成して、長期持久作戦の根基を確立する。

三、振武集団（第八、第百五師団、河島兵団基幹）は、マニラ東方山地帯を堅固に守備し、長期持久の作戦根拠を造る。

四、建武集団（第一挺進集団長の指揮する航空地上勤務部隊基幹）は、主力でクラーク飛行場西方の山地を堅固に占領し、リンガエン湾方面より突進する敵を撃砕し、同飛行場の使用を妨害する。

この方針にしたがって、第十四方面軍司令官山下大将は、昭和十九年十二月二十六日、マニラを出発し、昭和二十年一月三日、バギオの新司令部位置に移動した。兵器、弾薬などの軍需品は各部隊の必要量を満たすものではなかったが、方面軍が一番心配したのは食糧であった。比島ルソン島は元来食糧を自給することのできない土地であるだけに、食糧徴収を強行すれば、住民がゲリラ化することは必定である。

こうした悪条件の中で、夜を日についだ新陣地への移動が半月ばかり続いたとき、すなわち昭和二十年一月九日午前七時二十分、連合軍の大部隊が北部ルソン島リンガエン湾に上陸を開始した。陸軍の海上挺進戦隊、爆雷肉薄攻撃も、怒濤のような米軍の上陸を阻止することはできず、その日のうちに歩兵二個師団と戦車一個師団の上陸を許してしまった。この上陸の正面には、第二十三師団（西山福太郎中将）と独混五十八旅団が配置されていたが、上陸した米軍はこの正面に一部をあて、その主力をマニラに向かって突進する態勢をとった。

方面軍は中央の山岳地帯のカガヤン河谷を中心に、軍主力の各兵団を円型に配置し、永久抗戦の拠点とし、マニラ付近に残る軍需品をなるべく多く南から拠点地区に搬入した後で、この南の口を閉鎖する手筈になっていた。この南の口にあたるサンホセ北方のバレテ峠を守備する第十師団（岡本保之中将）は、一月上旬、バレテ峠に到着して陣地占領を開始したが　優勢な連合軍はリンガエン湾地帯から東進し、早くもサンホセへ突進しはじめた。ここにいたって方面軍は、一月下旬、この方面の敵に対し、戦車第二師団（岩仲義治中将）の主力をもって反撃を命じた。

戦車師団はタグ付近でこの敵をむかえ撃ち、第十師団の陣地占領と南方よりの軍需品の搬入に大いに貢献した。しかし、わが九七式中戦車は、米軍のM４戦車に火力の点でまったく歯が立たないため、戦車第二師団は相当の損害を出した。

問題は首都マニラであった。リンガエン湾に上陸した連合軍は、主力をもって日本軍の北方拠点を攻撃するとともに、約二個師団をマニラに向けた。当時、日本軍マニラ守備隊は、第三十一海軍特別根拠地隊司令官（岩淵三次少将）の指揮する約二個大隊の陸戦隊で、軍需品の北方山地への搬入および軍事施設の破壊を実施中であった。その後、状況が急変して、所属部隊に帰れなくなった各陸軍部隊がこれに増強されたので、一月二十日ころには同司令官の指揮下部隊は総員約二万名となった。

南下した連合軍は、二月三日、マニラに進入した。マニラ守備の日本軍を市街地区に包囲し、ゲリラ部隊と砲撃をあわせて制圧にかかった。マニラ東方山地に拠点を占領した振武集団は、連合軍のマニラ包囲軍の背後を攻撃するため、二月十四日、歩兵約六個大隊を派遣した。この部隊はマニラ守備隊の一部を連合軍の包囲から救出したが、完全に救出することはできなかった。

マニラ守備隊の主力は、数ヵ所に分断され、包囲されたまま戦闘を継続した。そして、次第に戦力を消耗し、二月末から三月上旬にかけて全滅した。司令官岩淵少将は二月二十六日、自決した。

北部ルソン島の山岳地帯に立てこもった方面軍主力、マニラ東方の山岳地帯を陣地占領した振武集団、クラーク地区の建武集団は、この時期から八月の停戦までの約半年間、文字どおり飲まず食わずの苦戦をした。連合軍との激戦で、戦力が低下するだけでなく、芋や野草をかじりながら、飢餓にたえることが兵士の戦いであった。たとえば、建武集団では一月現在三万を数えた兵力が、その半年後の終戦時には一千五百名に過ぎなかった。まさに飢餓地獄である。死没者数として、方面軍主力地域が十二万六千人、振武集団地域が九万九千人、建武集団四万二千人という数字が残っている。ルソン島は太平洋戦争中最大の悲惨な戦域となった。

沖縄作戦

日本軍の敗戦へのテンポは急ピッチで進んだ。昭和二十年四月一日、連合軍の沖縄本島に対する陸海共同作戦が開始されたが、二ヵ月後の六月二十一日には、日本軍のあらゆる組織的抵抗がやんだ。

沖縄を攻撃したアメリカの統合遠征軍は艦船一千二百十三隻、援護空母機五百六十四機、総人員四十五万一千八百六十六名。その中には陸軍および海兵師団（十八万三千名）がふくまれていた。その上、この遠征部隊は高速空母部隊（航空母艦八十二隻、九百十九機）と英国空母部隊（航空母艦二十二隻、二百四十四機）に直接掩護されており、さらに米国陸軍戦略空軍の第二十一爆撃集団と極東航空部隊がこの進攻作戦を支援していた。百匹の猫が一匹の鼠を襲ったようなものであった。真珠湾の海底の泥の中から引き揚げられた旧式戦艦によって陸上砲撃が行なわれたことは、沖縄戦に皮肉な重苦しさを加えた。

沖縄戦に際して払われた犠牲は、連合軍にとっても決して軽少なものではなかった。陸上では、米軍の損失は戦死および行方不明七千二百十三名、負傷三万一千八十一名であった。海上でもまた犠牲が多かった。戦死、行方不明四千九百七名、負傷四千八百二十四名であった。この作戦中に艦船の損失は沈没三十六隻、損傷三百六十八隻で、大部分は日本軍特攻機の航空攻撃の結果であった。米軍の飛行機の損失は四月一日から七月一日までの期間に七百六十三機であった。

日本軍の払った犠牲はさらに大きかった。戦死約十三万一千名、捕虜七千四百名、艦艇沈没十六隻、損傷四隻、そして飛行機七千八百機以上が失われた。

沖縄戦における最大の悲劇は、多くの非戦闘員、沖縄在住婦女子が激しい戦闘にまきこまれたことであった。しかも、軍は、自分の頭のハエを追うことにのみほんろうされて、非戦闘員を保護する意識を持たなかった。日本の軍隊の致命的な欠陥は、「天皇の軍隊」である意識のみが強調されすぎて、それが本来「国民の軍隊」であるべきことを忘れていた点にある。

高級将校から下級兵士にいたるまで、一部の学生インテリ出身者をのぞいては、「国民の軍隊」であるべきだという意識が育たなかった。むしろ、そのような意識を排撃する風さえあった。極端ないい方をすれば、命令に忠実でさえあれば、国民のことなどどうでもいいというか、むしろ一般国民は邪魔物だというような意識すらあった。しかも、「上官の命令は朕の命と心得よ」という軍人勅諭の条項を、上級者が悪用してはばからない習慣のしみついた「皇軍」は、救いがたい道徳的頽廃のぬかるみにはまりこんでいたといってもいいであろう。

少なからぬ現地民非戦闘員が、米軍によってではなく、日本軍によって殺されたといういまわしい話が今も語りつたえられているが、私は必ずしもそれが誤伝ばかりであるとは思わない。たしかにそういう体質が日本の軍隊にはあったし、その体質が、沖縄にかぎらず、日本軍占領下の各地においてさまざまな事件をひきおこしてきたことは、まぎれもない事実である。

この沖縄戦においても、フィリピン同様、現地軍の内部で持久戦論（現実派）と決戦論（血気派）が論争を行ない、結局決戦派が押し切って、結果としては惨敗を喫したことになる。ふりかえってみると、太平洋戦争は、常に空疎な大言壮語をもてあそぶ血気派が大勢を制することによって、日本を内部から崩壊に導いていった、といってもいいだろう。近頃流のいいかたをすれば、あまりカッコイイことを高言する人間には注意したほうがいいということであろう。これは現代にも通用する日本的風土病であろう。

昭和二十年六月二十五日、沖縄戦の事実上の終熄をつげる大本営発表が行なわれた。

〔大本営発表＝昭和二十年六月二十五日〕

一、六月中旬以降における沖縄本島南部地区の戦況次のごとし。

イ、我部隊は小禄及南部島尻地区に戦線を整理したる後優勢なる航空及海上兵力支援下の敵七箇師団以上に対し大なる損害を与えつつ善戦敢闘しありしが六月十六日頃より逐次敵の我主陣地内滲透を許すの止むなきに至れり

ロ、大田実少将の指揮する小禄地区海軍部隊は我主力の南部島尻地区転進掩護に

任じたる後六月十三日全員最後の斬込を敢行せり

ハ、沖縄方面最高指揮官牛島満中将は六月二十日敵主力に対し全戦力を挙げて最後の攻勢を実施せり

ニ、爾後我将兵の一部は南部島尻地区内の拠点を死守敢闘しあるも六月二十二日以降細部の状況詳かならず

二、我航空部隊は引続き好機を捕捉し同島周辺の敵艦船及航空基地を攻撃すると共に地上戦闘に協力しあり

三、作戦開始以来敵に与えたる損害は地上に於る人員殺傷約八万、列島線周辺に於る敵艦船撃沈破約六百隻なり

四、沖縄方面戦場の我官民は敵上陸以来島田叡知事を中核とし挙げて軍と一体となり皇国護持の為終始敢闘せり

太平洋上の陸上戦は、これですべて終わりをつげた。すべて「全員玉砕」つまり完敗である。昭和十八年五月十四日の大本営発表がアッツ島守備部隊（山崎保代大佐）二千数百名の「全員玉砕」を発表して以来、日本軍が玉砕した戦いは十二回あった。サイパン、硫黄島、沖縄と敵が本土に近づくにつれ、その戦闘は悲惨なものとなって

いった。前後十二回の玉砕戦のうち、クェゼリン島とエニウェトク島の戦闘は発表されなかったので、大本営を通じて発表された「玉砕」は十回ということになる。いわば二年間、陸上兵力は連戦連敗をつづけたわけである。

原子爆弾

〔大本営発表＝昭和二十年八月七日〕
一、昨八月六日広島市は敵少数機の攻撃により相当の被害を生じたり
二、敵は右攻撃に新型爆弾を使用せるものの如きも詳細目下調査中なり

サイパン島の失陥以来、サイパンを基地とする米戦略空軍は、B29を中心に日本本土各地に空襲を加えてきた。本土の主要工場の被害は大きく、海上輸送も困難となり、生産力は急激に下向していった。いわば日本は、瀕死の重傷を負った患者のようなものであった。

その日本に、最後のとどめを刺したのが世界最初の原子爆弾の投下とソ連参戦であった。

八月六日の広島につづいて、八月九日には、長崎にも原子爆弾が投下された。影響のはげしさを恐れたのか、長崎に対する原爆投下は、大本営からではなく、一般空襲

情報と同じように、西部軍管区司令部発表という形で公表された。

一、八月九日午前十一時頃敵大型機二機は長崎市に侵入し、新型爆弾らしきものを使用せり

二、詳細目下調査中なるも被害は比較的僅少なる見込

広島に原爆が投下された直後、アメリカの大統領トルーマンは、史上最初の原子爆弾について、次のような声明を、世界に向け発表した。

「今から十六時間前に、アメリカ空軍は、日本陸軍の重要塞地広島に一つの爆弾を投じた。それは二万トンのTNT以上の力と、かつて歴史上用いられた最大の爆弾、イギリスのグランドスラムの二百万倍以上の力をもっている。この爆弾をもって、ますます強大になりつつある我軍に、さらに新しい画期的な一威力を加える生産をなしたのであって、それは歴史上初めての偉大な功績である。(中略)我々は今、日本の各都市のあらゆる生産施設を今までよりもさらに速やかに、さらに完全に抹殺する用意がある。我々は敵のドック、工場、交通機関を破壊するだろう。これは名目だけではない。我々はあます所なく日本の戦力を破壊しよう。

七月二十六日に出されたポツダム宣言の最後通牒は、日本の国民を、最後の破滅か

ら助けることである。ところが、日本の指導者たちは、たちまちこれを拒否した。もし今、我々の言葉を受け入れないならば、彼らはこの地上にかつて見なかった滅亡の雨の降るのを予期しなければなるまい。しかも、この空の攻撃のあとに、先刻御承知の海陸の精鋭のすばらしい戦力が続くであろう」（一九四五・八・六）

ここには、世界で最初の原子爆弾の実用化に成功した国の指導者としての自信と、日本のみならず他国の思惑に対する牽制と恫喝がちらついている。そして事実、日本の最高指導者たちは、原爆の出現にふるえ上がり、ポツダム宣言受諾（降伏）への傾斜を深めていった。

一方、国民に対しては原爆の威力を実際以上に低く評価して、国内の動揺と民心の離反を防ぐことに力を入れていた。当時の新聞は原爆投下について、次のように伝えている。

「六日の広島空襲において敵は新型爆弾を使用し、そしてその効力は侮れないものがある。各関係当局は係官を現地に派遣し、その威力および対策について研究をとげている。敵は口に正義人道を唱えつつ無辜の民衆を爆殺する暴挙に出ている事は、調査の結果いよいよ明白であり、敵はこの新型爆弾を使用することによって戦争の短期終結を急ぐ焦慮ぶりを、いよいよあらわしているものと見るべきである。

新型爆弾の炸裂状況は、落下傘をつけて地上約五、六百米に降下した際、強力なる閃光を発して炸裂、これと共に大爆音を発し、強烈な爆風と高熱を伴うもののようである。敵がこのような新型爆弾を使用し始めたことについては十分な警戒と対策を要する事はもちろんであるが、戦争遂行中において、新型攻撃兵器が出現すると、多くの場合においてその威力が非常に過大に感ぜられることを例とする。例えばドイツのV一号の出現の際のごとき、英国においてはその対策が完成するまで相当な混乱と動揺を見せたが、その対策が完成すると共に冷静に帰した如きもその一例で、今回の新型爆弾に対しても着々として対策が講ぜられるであろう。とにかく敵のこのような非人道的な行為に対しては我方の断乎たる報復を覚悟せねばなるまい。

敵はこれと同時にトルーマンの声明をはじめ、しきりに誇大な宣伝を開始しているがその恫喝に屈することなく、対策宜しきを得れば被害を最小限度に食いとめ得るであろう。敵はこの挙により一般民衆をも無差別に殺傷する残忍性を遺憾なく発揮している」

原子爆弾の投下は、たしかに瀕死の日本に最後のとどめを刺すようなものであったが、さらに追い討ちをかけるように、八月九日、ソ連軍が対日参戦に踏み切った。

〔大本営発表＝昭和二十年八月九日〕

一、八月九日零時頃より「ソ」連軍の一部は東部及西部満「ソ」国境を越え攻撃を開始し又その航空部隊の各少数機は同時頃より北満及朝鮮北部の一部に分散来襲せり

二、所在の日満両軍は自衛の為これを邀え目下交戦中なり

〔大本営発表＝昭和二十年八月十日〕

昨八月九日各方面の主なる戦況次の如し

一、我航空部隊の一部は同日午後宮城県東方洋上の敵機動部隊を攻撃し大型艦一隻の撃破炎上を確認せる外相当の戦果を収めたり

二、東部及西部満「ソ」国境方面の「ソ」軍はその後逐次勢力を増強中にして更に同日午後各一部の兵力は北部満「ソ」国境奇克附近、外蒙方面索倫西方地区及北鮮慶興附近に侵入し来り所在の我部隊は之を邀撃交戦中なり

三、北鮮東方海面を航行中の我船団部隊は同日午前「ソ」軍機約八〇機と交戦しその一四機を撃墜せり我方損害なし

四、樺太国境方面の「ソ」軍の一部は同日午後我に対し攻撃を開始せり

ソ連軍の参戦に関して大本営が発表したものはこの二通きりである。その後大本営は対ソ戦況について、満州東部、北部、西部の各地区、棒太（サハリン）方面にわけて断片的な情報を報道機関に流したが、正式の発表は行なわれなかった。ソ連軍の急進撃とそれに呼応した中国軍の作戦展開によって、満州地方の戦線は混乱をきわめ、大本営が各地の情報をまとめることが困難な状態であったと思われる。

その間にも、ポツダム宣言受諾に関して、最高首脳部の意見はなかなかまとまらなかった。他の条件はともかく、国体（天皇制）の護持にこだわったのである。大日本帝国という国は、最後の最後まで、「国民のため」にものが考えられるしくみにはなっていなかった。国民はただただ忍従を強いられるだけであった。敗戦が国民の解放につながるとは、なんと貧しい情けない国であったろうか。

戦争終結に関する御前会議はとうとう結論を出せぬまま、陛下の決断によってようやくポツダム宣言の受諾に踏み切った。思えば、太平洋戦争は、陛下の決断によってはじまり、陛下の決断によって終わった戦争であった。その間、軍は、陛下の信頼にも、国民の期待にも、応えられなかった。何というぶざまな姿であったことか。慙愧に耐えない。

第六章　敗戦

クーデター計画

昭和二十年八月九日からの数日間、日本の政治史上最も苦悩に満ちたドラマが展開した。その代表的な出来事を日を追って列記してみる。

八月八日（水）▽ソ連は対日宣戦を布告する。日本は九日になってそれを知った。

八月九日（木）▽ソ連軍が満州地区に侵入開始。

八月十日（金）▽ポツダム宣言受諾に関する天皇の聖断（第一回）がおりる。▽政府は国体護持の条件つきでポツダム宣言の受諾を中立国スウェーデン、スイスを通じて連合国へ申し入れる（国内へは極秘）。▽駐日ソ連大使が対日宣戦文を伝達。▽米海軍機動部隊は日本本土に沿って北上、奥羽および関東地方一帯を空襲。

八月十一日（土）▽軍部内で降服阻止運動が発生する。▽降服を暗示した政府声明と並んで、阿南惟幾陸相の全軍に対する戦闘継続激励の布告を新聞に掲載。

八月十二日（日）▽日本の降伏条件に対する連合国側の回答が到着。天皇制にはふれていない。▽統帥部陸海軍参謀総長は、連合国側の回答を拒絶するよう天皇に上奏。▽連合国側の回答をめぐり閣議激論。天皇は皇族を召集し、終戦の意図を表明。▽陸軍省の一部将校たちは、阿南陸相に、降服阻止を進言。

八月十三日（月）▽最高戦争指導会議の六巨頭が会合し、閣議で降服問題に関して大論争がおこる。▽米軍B29機が降服交渉文を印刷したピラの散布をはじめる。▽陸相を囲み全陸軍によるクーデター計画が協議される。▽米海軍機関東に来襲。

八月十四日（火）連合国の回答（十二日到着）を受諾の聖断（第二回）、閣議決定。▽ポツダム宣言受諾を連合国側に通告（午後十一時発電）。▽陸軍省少壮将校ら、降服に反対して近衛師団長を殺害。▽B29約八百機日本各地に来襲。

八月十五日（木）▽陸軍省一部将校ら、近衛連隊を動かして皇居を占拠。東部軍管区司令官がこれを鎮圧する。▽阿南陸相自害。▽米母艦機、午前七時ころ関東に来襲。▽正午、玉音放送（詔書発布は前夜）。▽鈴木貫太郎内閣総辞職。

八月十日未明、ポツダム宣言を受諾するについて天皇の意志がかたまったのを契機に、職務がら、戦争指導や軍の動向に深い関心を抱いていた陸軍省軍務局の少壮軍人たちの一部は、にわかに不穏な動きを見せはじめた。それまで彼らは日本の指導方針が、六月八日の御前会議で採択された「今後採るべき戦争指導の基本方針」（いわゆる本土決戦方針）にもとづいて行なわれるものと思いこんでいた。

ポツダム宣言受諾、つまり降服のごときは、光輝ある日本および日本軍隊として考えられないことだった。彼らは、天皇は気が弱く、原子爆弾に異常な恐怖を抱き、終戦をあせっている、と考えていた。あるいは、それは、当たっていた部分があったかもしれないが、しかし、彼らが、日本は山が多いから山中に無期限的に立てこもり、抗戦すれば、原子爆弾もおそるるに足らず、と思っていたのは科学的な認識不足だった。何よりも補給（経済）に関する無教養ぶりが露呈されている。

そこで彼らは、全軍の若い将校たちに特別の敬慕と親愛の情を抱かれていた阿南陸相をかついで、大クーデターを組織し、天皇の翻意を求むべく計画し、この計画を持ちこまれた陸相も、成功の見込みが十分にあるならば承認してもよいかのようなそぶりで、彼らに応対したようだ。しかし、クーデターの成功のためには、参謀総長、東部軍管区司令官、近衛師団長の同意が必要であることも付言することを忘れなかった。

陸相は内心、クーデターが実現困難であることを知っていたが、面と向かって、クーデター計画をやめろとはいえず、その自然流産の策を選んだのではなかったろうか。このような、少壮将校の親愛敬慕に応えるための上級者の不決断こそ、満州事変以降とみに陸軍部内に多くなった「下剋上」の気風をつくっていったものといわれても仕方がない。

実際、梅津参謀総長は不同意を表明し、少壮将校とは会わないようにした。彼らは十四日午前十時がクーデター発動のギリギリの線と計画していたが、内外の情勢はその発動をむずかしくした。この日の朝、B29から日本降服に関する交渉をくわしく伝えたビラが撒かれ、それを知った木戸内大臣は、こうなっては一分一秒を争っても、いち早く降服の最終的決定を断行する必要を感じた。そこで、木戸は、全閣僚と最高戦争指導会議構成員に対し、急ぎ召集をかけるよう天皇をうながした。そうなると阿南陸相も梅津参謀総長も当然参内しなければならない。クーデター計画の午前十時発動はできなくなった。この御前会議で第二回目の聖断が下った。天皇の降服への意志は固かった。

最後の聖断が下ってしまったからには、クーデターは不可能になった。かりにそれからクーデターが発動され、天皇に決断を撤回させたところで、すでに示された天皇の真意をおおうことはできない。そうなると、全国民の前に陸軍の不忠反逆をさらすだけになってしまう。阿南陸相はクーデターを阻止しなければならないことをさとった。

ところが、いったん流産したかに見えたクーデターが、その夜になってもちなおし、実行に移されたのである。阿南陸相の義弟竹下中佐および、それと陸軍省軍務課で机をならべていた畑中健二少佐の二人がその主役となり、同僚椎崎二郎他数名の少佐、大尉級がこの挙に加わった。

まず彼らは、この挙に同意をしぶる近衛師団長森赳（たけし）中将を殺害し、その偽造命令書を使って、近衛歩兵第二連隊を皇居内に出動させ、事実上天皇を軟禁しようとした。また、彼らは陸相の義弟竹下中佐を説得して、阿南陸相の翻意を懇願させようとしたが、竹下中佐が陸相官邸に駆けつけたときにはもう陸相は自刃の用意を終わっていて、竹下はクーデターの断行を言い出せぬままに終わった。阿南陸相は「大君の深き恵にあみし身は言い遺すべき片言もなし」という辞世をのこし、「一死以て大罪を謝し奉る」という、輔弼（ほひつ）の責を果たし得なかったことを詫びる一文をのこして、陸軍大臣官邸で自刃し果てた。

クーデター派の将校たちは、降服の詔勅を天皇自身が読みあげたいわゆる「玉音盤」を奪取して、放送不能にするため、その行方を探し求めたが、徳川侍従の善処、NHKの当直員館野守男らの奇略に翻弄されて、その目的を達し得ず、十五日正午、NHKから全国津々浦々に玉音が流れた。それまで何度もクーデター支持を懇請されながら拒否しつづけていた東部軍司令官田中静壱大将は、八月十五日未明、自ら皇居に乗りこみ、近衛歩兵第二連隊芳賀大佐に対し、さきの師団命令は偽造であることを告げ、連隊の即時皇居撤退を命じ、クーデターは終わった。こうして敗戦につづく激動期を迎え、陸軍参謀総長杉山元帥夫妻、第一総軍副司令官吉本貞一大将、サイパン作戦の主任参謀晴毛少佐ら多くの人々の自害がつづき、日本陸軍の存在はさまざまな悲劇をはらみながら終焉を迎えた。もう陸軍省報道部も大本営報道部も消え去っていた。

昭和二十年八月十五、十六日の新聞紙面は、何よりも雄弁にその日の日本の表情を語っている。八月十五日の各地の紙面は、二・五センチ角の太文字横書の「戦争終結の大詔渙発さる」の表題がまず眼をひいた。

戦争終結

さきに、戦争終結の基本方針が定まり、これを中立国を通じて英米支ソの四ヵ国に通達したとき、ポツダム宣言に対する日本政府の通告文の要旨は「日本政府はポツダム宣言が天皇の国家統治の大権を放棄するが如きいかなる要求をもふくまざるものとの諒解の下に、同宣言を受諾する用意がある」というものだった。したがって通達先四国の回答をめぐって「国体の護持」という最後の一線に関する論議が重ねられていたが、考えようによっては、これは、天皇制さえ生きのびれば、という国民不在の論議であった。当時の政府首脳の頭の中に「国民」という意識があったかどうか疑わしい。そもそも日本の軍隊というところが「天皇の軍隊」であって、「国民の軍隊」ではなかった。軍隊は国民に奉仕するものではなく、国民に奉仕させる存在であった。

八月十五日に放送された終戦の詔書「玉音放送」の原稿は、すでに八月十四日の朝ひそかに発表されていたが、一般国民に対する放送は八月十五日正午となった。

開戦の詔書から終戦の詔書まで、わずか四年足らずの年月であったが、その間に日本の運命は大きく変わった。そして、国民と軍あるいは政府との間に、深い傷あとが残された。軍が国民の軍隊である本然の姿を忘れ、天皇の権威をかりて、国民の上に君臨してきた責任を問われるときが来たのであった。

終戦ノ詔書

朕深ク世界ノ大勢ト帝国ノ現状トニ鑑ミ非常ノ措置ヲ以テ時局ヲ収拾セムト欲シ茲ニ忠良ナル爾臣民ニ告ク

朕ハ帝国政府ヲシテ米英支蘇四国ニ対シ其ノ共同宣言ヲ受諾スル旨通告セシメタリ

抑々帝国臣民ノ康寧（こうねい）ヲ図リ万邦共栄ノ楽ヲ偕（とも）ニスルハ皇祖皇宗ノ遺範ニシテ朕ノ拳々措カサル所曩ニ米英二国ニ宣戦セル所以モ亦実ニ帝国ノ自存ト東亜ノ安定トヲ庶幾（しょき）スルニ出テ他国ノ主権ヲ拝シ領土ヲ侵スカ如キハ固ヨリ朕カ志ニアラス然ルニ交戦已ニ四歳ヲ閲シ朕カ陸海将兵ノ勇戦朕カ百僚有司ノ励精朕カ一億衆庶ノ奉公各々最善ヲ尽セルニ拘ラス戦局必スシモ好転セス世界ノ大勢亦我ニ利アラス加之（しかのみならず）敵ハ新ニ残虐ナル爆弾ヲ使用シテ頻ニ無辜（むこ）ヲ殺傷シ惨害ノ及フ所真ニ測ルヘカラサルニ至ル而モ尚交戦ヲ継続セムカ終ニ我カ民族ノ滅亡ヲ招来スルノミナラス延テ人類ノ文明ヲモ破却スヘシ斯ノ如クムハ朕何ヲ以テカ億兆ノ赤子ヲ保シ皇祖皇宗ノ神霊ニ謝セムヤ是レ朕カ帝国政府ヲシテ共同宣言ニ応セシムルニ至レル所以ナリ

朕ハ帝国ト共ニ終始東亜ノ解放ニ協力セル諸盟邦ニ対シ遺憾ノ意ヲ表セサルヲ得ス帝国臣民ニシテ戦陣ニ死シ職域ニ殉シ非命ニ斃レタル者及其ノ遺族ニ想ヲ致セハ五内為ニ裂ク且戦傷ヲ負ヒ災禍ヲ蒙リ家業ヲ失ヒタル者ノ厚生ニ至リテハ朕ノ深ク軫念（しんねん）スル所ナリ惟フニ今後帝国ノ受クヘキ苦難ハ固ヨリ尋常ニアラス爾臣民ノ衷情モ朕善ク之

ヲ知ル然レトモ朕ハ時運ノ趨ク所堪ヘ難キヲ堪ヘ忍ヒ難キヲ忍ヒ以テ万世ノ為ニ太平ヲ開カムト欲ス

朕ハ茲ニ国体ヲ護持シ得テ忠良ナル爾臣民ノ赤誠ニ信倚シ常ニ爾臣民ト共ニ在リ若シ夫レ情ノ激スル所濫ニ事端ヲ滋クシ或ハ同胞排擠（はいせい）互ニ時局ヲ乱リ為ニ大道ヲ誤リ信義ヲ世界ニ失フカ如キハ朕最モ之ヲ戒ム宜シク挙国一家子孫相伝ヘ確ク神州ノ不滅ヲ信シ任重クシテ道遠キヲ念ヒ総力ヲ将来ノ建設ニ傾ケ道義ヲ篤クシ志操ヲ鞏（かた）クシ誓テ国体ノ精華ヲ発揚シ世界ノ進運ニ後レサラムコトヲ期スヘシ爾臣民其レ克ク朕カ意ヲ体セヨ

裕仁

昭和二十年八月十四日

八月十五日と同十六日の新聞紙面には、敗戦当日の皇居前の風景を次のように描写している。

「あふれる涙、とめどなく流れ落ちる涙、私はいつの間にか皇居の濠端に額づき、玉砂利を涙に濡らした。唇をかみしめつ、またかみしめつ、道行く兵士の姿を見ては胸かきむしられ、『飛行機を増産せよ』の貼紙を見ては、宮城への道々を悲憤の涙を流し続けて来た私であった。胸底を抉る八年余の戦いのあと、歩を宮城前にとどめたとき、私は立ってはおられなかった。抑えに抑えて来た涙が、いまは堰もなく頬を伝わった。膝は崩れ折れて玉砂利に伏し、私は泣いた。声をあげて泣いた。しゃくり上げ、突き上げてくる悲しみに唇をかみ得ず、激しく泣いた。男子皇国に生を享けて、またいつの日か、かくも泣くときがあろう。拭うべき涙ではない。抑えるべき嗚咽ではない。泣けるまで泣け、涙ある限り涙を流せ、寂として声なき浄域の中に、思わず握りしめる玉砂利、拳を握って私は『天皇陛下……』と叫び、『おゆるし……』とまでいって、その後の言葉を続けることができなかった。

大きな感情の嵐が吹きまくっている。歴史未曾有の悲しみに落ちた民族の感情の嵐である。祖国日本は敗れた。だがこの嵐の中で嗚咽と悲痛の声の中に敗れざる日本、敗れざる民族のいぶきがきこえる。三年八ヵ月の年月は決して短くはなかった。それに堪えてきた日本人であり日本民族だった。

そのとき何処からともなく歌声が起った『君が代』の大合唱は大内山へも流れて行った。この力ある歌声こそ、いつの日か、今日のこの日の曇りを拭い去り浄め払い、三千年の歴史を再び光輝あらしめるだろう」

今読むと、どこか気恥ずかしくなる思い入れだが、当時の実感としては、こういうものであったろう。その紙面の片隅にこんな記事がのっている。

〔大本営発表＝昭和二十年八月十四日〕
我航空部隊は八月十三日午後鹿島灘東方二五カイリにおいて航空母艦四隻を基幹とする敵機動部隊の一群を捕捉攻撃し航空母艦および巡洋艦各一隻を大破炎上せしめたり

この発表は、米軍機動部隊がすでに本土東方二十五カイリのところまで接近し、それに対してわが国の特攻機がつっこんでいったという悲惨な戦況をうかがい知らせてくれる。そして、これが「最後の大本営発表」となった。昭和十六年十二月八日午前六時に発表された日米開戦の報道から数えて八百四十回目の発表であった。何か尻きれとんぼのような気もするが、敗戦とはこういうもので、あとは混乱のなかに埋没していった。

この発表は何ともそらぞらしく「まだやってるのか」と腹立たしささえ感じる。そしてまた、それまでの紙面と変わりのない「横鎮十五日公表」「大東亜戦の華」という戦死者の姓名一覧が発表されているのを見ると、何ともいえないむなしさ、歴史の一コマ一コマの中で虫けらのように死んでゆく一般国民のやり場のない怨嗟の声を聞く思いがする。

こうして、日本政府は、昭和二十年九月二日、東京湾の米海軍ミズーリ艦上で、降服文書に調印をしたが、なにしろ皇軍（？）が降服するなどということは日本軍の歴史はじまって以来のことなのでまるで勝手がわからなかった。外務省条約局は連合国から示された調印文書の原語のタイトル“INSTRUMENT OF SURRENDER”（降服文書）という英語の訳語をめぐり、いろいろな研究討議を重ねた。だが日本には国内法や条約の中で、敵に降る（くだ）るどいう意味の名詞はどこにもなく、やっと「陸戦の法規慣例に関する条約付属書」に、フランス語の“CAPITULATION”を降服規約と訳している個所のあるのをみつけた。

この伏の字のついた降伏をよく調べてみると、「くだること。降参」とあるのに対して、服の字のついた降服の方は「心から降りしたがうこと」とある。このため「心から」という言葉の抜けている「降伏」の方がよかろうということに落ちついた。心から負けたのではないという意味であるとしたら、何をいまさらという感じがする。

日本の敗因

太平洋戦争は、結局、日本の完敗で終わった。その原因を今さら究明してみても始まらないように思うが、莫大な授業料を払って得た教訓だけは肝に銘じておかなければならない。完敗の根源は、明治四十年（一九〇七年）四月四日に決定された『帝国国防方針とこれに基づく陸海軍の用兵綱領』にあったと思う。これによって日本の戦争指導の主軸はすべて定められており、その後若干の修正が加えられたにしても、近代戦に備えた抜本的な改正は、行なわれなかった。日本の陸軍は三八式歩兵銃、四一式山砲（数字は制定された明治の年号）、日本の海軍は大艦巨砲主義の不沈戦艦と小艦艇による夜戦第一主義の思想から脱却することができず、この古めかしい「国家百年の計」の亡霊が、昭和時代になってもいつもついてまわっていたのである。

この綱領のなかには「米国ハ我友邦トシテ之ヲ保維スベキモノナリト雖モ、地理・経済・人種及ビ宗教等ノ関係ヨリ観察スレバ、他日激甚ナル衝突ヲ惹起スルコトナキヲ保セズ」という警告らしいものもあるが、大正二年三月、海軍の高級将校数名の研究による『国防問題の研究』には、「海軍力は、米・仏・独その他諸国に対する共通威力なるが故に最も重視すべく、陸軍力は主としてロシア一国を対照としたものであるから従とすべし」と主張している。

この風潮は、山本権兵衛（海軍）内閣時代、大正二年〜三年の主流であった。

しかし、また、これに対し、大正四年六月、民友社発行の『帝国国防』には、陸軍の意見を代弁して（執筆者は不明であるが、その前年の大正三年三月二十六日には、山本内閣はシーメンス事件および海軍拡張案の予算不成立により総辞職している）「陸主海従」を唱えて、「徒らに他国の海軍と拡張競争を試みんとするが如きは、識者の首肯する能わざるところなり。試に思え。南進論者は何処に向わんとするものなりや。比島（フィリピン）はアメリカ領。印度支那（ベトナム・ラオス・カンボジア）はフランス領。南洋にはオランダ領（インドネシア）あり、更に豪州（オーストラリア）はイギリス領。然らば南方への発展必ずしも容易ならざるなり。蓋し帝国海軍の任務はアジア大陸との海上連絡を確保掩護するにあり」と述べている。

また同じ頃、田中義一（昭和二年三月、内閣総理大臣。当時陸軍中将）が元帥大山巌に提出した提議書には、「往時は陸海軍その目的単一なりしため、陸海両軍想定する敵国を同じうし、何等背反することなかりしも、今や両軍相異なる敵国を想定して互にその画策を秘して、密かに行政、財政の当局に諮り、或は世論に訴え、或は政客の意見を聞き、遂に両者相反目し、施設上の統一さえ欠くに至る。この際、陸海軍相互過去の感情を一掃し、虚心坦懐以て統一せる邦家百年の長計を策すべきなり」と述べられている。

この年（大正三年）、第一次世界大戦が起こり、ベルサイユ会議の結果、太平洋方面において、日本の旧ドイツ領南洋諸島（マリアナ・パラオ）の支配がきまり、アメリカはフィリピンとの間を遮断されたかたちとなった。ここにおいて、日米海軍は対立せざるを得なくなったのである。

この事態にそなえるため、大正七年（一九一八年）、わが国は、その国防方針の一部を改定し、想定敵国をロシア、アメリカ、中国と定めた。

大正十年（一九二一年）には、ワシントンで海軍軍縮に関する五ヵ国会議が行なわれ、翌十一年に締結された海軍軍備制限条約により、大正十二年（一九二三年）二月、国防方針、用兵綱領が改訂された。やがて、昭和五年（一九三〇年）のロンドン条約、昭和六年の満州事変、昭和八年の日本の国際連盟脱退、昭和十一年のワシントン条約の破棄を経て、無条約時代に突入していくのである。このため日本海軍は海主陸従をとなえて陸軍と対立したが、大正六年には八・四艦隊案を議会の協賛を得て成立させ、大正七年には八・六艦隊、大正九年には遂に海軍待望の八・八艦隊案の予算をかちとった。

この頃、海軍予算は国家総予算の三十二パーセント、陸軍の十六パーセントの二倍、陸海軍あわせると軍事費は国家総予算の四十八パーセントとなり、実に軍事費が国の総予算の大半という軍国主義そのものといえる状態となった。

帝国国防方針は、その原文があるのかないのか、その点が明らかでないが、その内容は次のようなものであった。

一、米国の国際連盟不加入により国際政情が不安定であること。

二、欧米列強の経済戦争の焦点は東アジアであること。

三、日本の支那大陸経営に対する妨害がおこっていること。

四、シベリアにおける日露の確執が強くなってきていること。

五、米国のカリフォルニアおよびハワイにおける排日運動が盛んであること。

などの原因を列挙して、「太平洋および極東に拠点を有し、強大なる兵を擁する米国の対亜政策が、かくの如きものを持続されるとすれば、早晩帝国と衝突を惹起すべきは、蓋し必至の勢にして、我国防上最大の重要視すべきものなり」といっている。

昭和十一年六月、内外の諸情勢の変化を考えて、南北併進、陸海対等の軍備を根底とする新たな国防方針が検討され、綱領は次のように改められた。すなわち、

「東洋に在る敵を撃滅し、その活動の根拠を覆し、且つ本国方面より来航する敵艦隊の主力を撃滅するを初期の目的とす。

之が為、海軍は作戦初頭において速かに東洋に在る敵艦隊を撃滅して東洋方面を制圧すると共に、陸軍と協力してルソン島およびその付近の要地並びにグアム島に在る敵の海軍根拠地を攻略し、敵艦隊の主力が東洋海面に来航するにおよび、機を見て之を撃滅す。

陸軍は海軍と協力して速かにルソン島およびその付近の要地、併せてグアム島を占領す。

敵艦隊の主力を撃滅したる以降における陸海軍の作戦は臨機之を策定す」

というのである。

数年の後、ミッドウェー沖深く海底の藻屑となってしまった我が空母艦隊、そしてフィリピン、サイパン、沖縄、さらには満州の広野であっさり壊滅してしまった日本陸軍の姿を誰が想像し得ただろうか。いたずらに軍の近代化を蔑視し、神がかりな精神主義に陥っていった原因はどこにあったのだろうか。「敵を知り、己れを知らば、百戦して危うからず」というのは孫子の言だが、敵の実力を知ろうともせず、己れの実力にすら盲目で、ただ自らを高しとするうぬぼれだけでは、国際社会では何もできない。私自身もまた、井の中の蛙として育てられ、育ったのであった。当時の教育は、どこか狂っていたとしか思えない。

陸海将帥の国際感覚

話はちょっと古くなるが、山本権兵衛少将（海軍）は明治二十八年末、西郷従道海相に提出した意見書のなかで、

「按ずるに、将来東洋に事をしげくするのは、ロシアを第一とし、ドイツ、フランス等之に次ぐか。また、イギリスは前者とは稍々趣きを異にするも、一旦事あるに当らば、決してその機を逸するが如きものに非ず。……（中略）……故に今日我が国力に相当する海軍力を決定するには、イギリスかまたはロシアの一国にフランス、又は他の劣勢なる一、二カ国が連合するものとし、その連合国が東洋に派遣し得べき艦隊の程度を予想し、之に優る艦隊を備うるを以て急務とすべきなり」

と述べている。このように、明治二十八年頃の意見書にはまだアメリカという国名は出ていないが、日露戦争後の明治三十九年には、アメリカが登場してきている。

山本権兵衛大将は、当時の海軍において絶対の権力を持っていた。その女婿財部彪は、「財部親王」との陰口さえあったくらい海軍部内では異例の出世頭となったものだが、岳父権兵衛「天皇」のバックアップによるものであったろう。

「権兵衛が種まきゃカラスも逃げる」とか「権兵衛の意志即ちこれ海軍の意志」とま

でいわれた山本権兵衛は、軍職を退いてからも、大正時代に二回にわたって首相となっている。

しかし、アメリカを仮想敵国とし、アメリカの海軍提督マハンの『海上権力論』に心酔しすぎ、「海軍万能論」「陸海併列論」「海主陸従論」「八・八艦隊構想」と発想を着々と発展させ、明治の海軍王国をつくった山本権兵衛大将、またその海軍を率いて日本海海戦で大勝を博した東郷平八郎元帥は、その体験と戦略思想に固執しながら海軍大臣の筆頭軍事参議官、軍令部長をつとめ、海軍戦略の悲劇の遠因をつくったともいえる。

これが後世、「明治の功臣も大正、昭和の愚臣」「海軍あるを知って国家あるを知らなかった」などの悪評に甘んじなければならぬことにもなった。彼らから見れば孫にもあたるような後輩で五・一五事件の主謀者の一人、三上卓中尉などからまでも、「山本権兵衛閥くらい、日本海軍を毒したものはない」

と罵倒されている。

ところで、マハンの『海上権力論』というのは、遠くペルシア、ギリシアの昔のサラミス湾頭の海戦から、アラブ、ヨーロッパ勢のレパントの海戦、そして西欧列強の最終決定戦となったトラファルガー海戦に至るまでの歴史から考えて「国家は海上覇権を握ってこそ、その国力を伸展することができる」といういわゆる海軍力万能論である。この論議は、十九世紀までは通用したが、航空機の出現とその発達というその後の事態に適応できず、またマハンの祖国アメリカがモンロー宣言を拡大して、孤立繁栄の国策を選んだ時期と軌を一にしていることも考えないわけにはいかない。とても近代には通用しないしろものになってしまっていたのである。

山本権兵衛内閣は、その対米想定の甘さと大疑獄事件「シーメンス事件」（第一次内閣）および、難波大助による天皇狙撃事件「虎の門事件」（第二次内閣）のおかげで、自らの墓穴を掘る破目となった。

一方、山県有朋大将（陸軍）は「一国の国軍として唇歯輔車の関係にある陸軍と海軍とが、片やロシア、片やアメリカを想定敵とすることは容易ならざる事、ロシアは決して日露戦争の復讐を忘れてはいない。宜しく海軍も又従前通り陸軍と同じくロシアを仮想敵とされたい」と述べているが、遂に海軍はこれを受けいれなかった。たしかに、ソ連の極東艦隊の勢力は弱く、海軍として仮想敵国をロシアに想定することは無理であったろう。しかし、ロシア側は帝制から共産制に政体が変わっても、日露戦争の復讐を忘れてはいなかった。

第二次大戦後、ソ連軍は旅順要塞に進駐し、城頭に赤旗を立て、その艦隊は対馬海峡を通ってウラジヴォストークに入港したことは、日本海海戦の昔を念頭においてのスタンドプレイで「今やソ連艦隊を阻止する日本艦隊の一隻さえいないではないか」といわんばかりのものであった。果たせるかな、その直後スターリンは、「日露戦争の復讐成れり」と語っている。歴史の示す国と国の因縁関係は、常識では想像もできないものがある。

一方、陸軍はロシア革命の混乱に乗じて、「シベリア出兵」を行なって、ソ連の恨みを買っている。寺内大将内閣（参謀次長田中義一建議）の火事場泥棒的国際認識の失敗である。

異色の将軍であった石原莞爾中将（陸軍）は、「国力とは、軍備だけで完全な国防を全うし得るという単純なものではない」といい、「軍は、あれも敵、これも敵、と想定敵国を数多くあげ、外交や国力のことも考えずに軍備増強に狂奔して国を誤らしめた」といっている。しかも、その軍備たるや、およそ近代戦に耐え得ぬものであった。しいていえば、それでもまだ、軍艦という機械を主体にした海軍のほうが近代化されていたわけで、陸軍にいたっては、依然として肉弾突撃が戦場の華であるというような、古めかしい認識しかなかった。何の科学的な根拠もなく、〝絶対不敗〟の神がかりな〝信念〟だけを尊しとする気風が、自滅の道を歩ましめたのだともいえる。

敗戦のときはどう対処するか、という点を何も考えずに戦争をはじめた国は、世界史上、おそらく日本帝国だけであったろう。そもそも、この石原にしても、かつて関東軍参謀だった時代には、「謀略を用いて既成事実を作り、以て国家を強引す」と公言していた満州事変の仕掛け人の一人であった。

海軍の長老長谷川清大将は、「海洋国日本の海軍としては、戦さはしたくないけれど、海軍の敵となる仮想敵というのは、太平洋においてはアメリカ以外にはないから、アメリカを目標にして訓練していた」といい、このほかに福留繁中将（連合艦隊参謀長）、大野竹二少将（軍令部第一部長、戦争指導担当）、石川信吾少将（海軍省軍務局第二課長、政策担当）等の諸提督も、戦後、申し合わせたように、長谷川清大将の言と同じ趣旨の言及をしている。一国の運命をゆだねられた将師たちの言としては、まことにたわいのないもので、しかし、これが軍の実情であったろう。

昭和十一年三月、及川第三艦隊司令長官は、その上申書のなかで、

「英米を敵とすると、蘇（ソ）支（シ）その他の列国がこぞって敵に廻る場合を予想しなければならない。しかし、蘇が敵の場合には、共産主義の関係上、世界共通の敵という名目を蘇国が負わされる弱点があり、これは我にとっての利点である」

といっている。これは一見卓見とも見えるが、ヒトラーが同じ考えで対ソ戦をおこ

して失敗している。

この年はロンドン軍縮条約悦退（一月十九日）、二・二六事件、日独防共協定締結（十一月二十五日）、西安事件（十二月十二日）など事件の多い年であった。

また、日本軍の決定的な弱点として、陸海軍間の確執がひどかったことは、すでに、多くの人が多くの言を費やしている。しかし、同じようなことは、米軍にも見られたようである。発信者の氏名はわからないが、戦争直後アメリカ軍（日本占領軍）に対して、「高級海軍軍人として、日本人を人種的・民族的に侮蔑するが如き発言は慎まれたい」という警告が本国から発せられている。この侮蔑発言をしたとされる張本人は、日本へ進駐したハルゼー提督で、これをとがめて本国に呼び返したのは米国海軍省であった。アメリカの文民統帥のすぐれた例である。その一方、

「日本海軍を完全に撃破してしまったのは、米海軍にとっては失敗であった。これは米国海軍の政治的自殺であって、日本海軍という当面の敵が消滅したことによって、米海軍はその存在理由を失い、結局マッカーサーの陸軍にしてやられ、うまい汁は陸軍に吸われてしまった」

これは、アメリカの一提督の言である。

政治の力学というものは、まことに面白いもので、敵を倒しさえすれば、それが自

分の有利になるとはかぎらない。敵を利用しながらおのれの立場を強化してゆくという方法は、古来すぐれた外交家の得意とするところである。

しかし、何よりも日本の軍を汚染していたものといえば、ただただおのれの国を神国と見、おのれを神国の民と任じ、理由もなく、外国をバカにし、外国人を犬畜生のたぐいと見る習慣から脱せられなかったことであろう。これは、当時の教育に欠陥があったためと思われる。自分だけが正しいと思っていたのでは、どのような交渉でも、うまく行くはずがない。おそらく、外国から見れば、鼻もちならない成り上がりの国に見えたことであろう。

潜水艦用兵の失敗

報道部員は戦争指導あるいは作戦の立案という軍本流の存在ではない。しかし、この本流に近く仕事をしているし、また発表文の連帯印をとりに行ったり（こういうところが、日本軍が戦闘集団ではなくて、官僚集団だといわれるゆえんだが）、情報源を確かめに行くため、参謀本部、陸軍省の作戦室、担当部局への出入りの機会が多い。そのとき見たり聞いたりしたことの中に「これは」というものがしばしばあった。

日米開戦前の陸軍は、「南方だ。物資だ。資源の確保だ。北（ソビエト）へ行って貧乏人と戦さをしても仕方がない。ジリ貧を待たず、立たねばならぬ」と主張し、特にヨーロッパ戦線におけるドイツの破竹の進撃に目がくらんでからは、アメリカの実力に対する認識の不足、強大な日本海軍がいるという過信、いくらか上手になってきた日本の宣伝に、一般国民だけでなく、自らも酔って、ミイラとりがミイラになり、大言壮語するものが勇者に見える環境をつくり出してしまった。

「バスに乗りおくれるな。ドイツだけに甘い汁を吸わせることはない。今は枢軸国としてよきパートナー役をつとめているが、いずれ日本とドイツが戦うことになる世界最終戦争には、神州日本が世界の覇者となるであろう」

と、まことしやかに広言する者さえあり、その心情たるや、いかにも卑しい。こうして唯我独尊、狂気の陸軍はつっ走った。これもまた、ドイツの力に便乗しようという、火事場泥棒の発想であること、シベリア出兵と同断である。これが神州の民の考えることなら、その神は、あまり当てになるものではない。すでに道義の面で破産している。

海軍は海軍で、日ごろその潜水艦戦力の強大を誇っていた。

「娯楽施設をとり除いて、そこに武器をおき、土曜、日曜を返上して月月火水木金金のスケジュールで訓練したわが潜水艦隊は、今や世界の最高水準を行く」というのが自慢であったが、しかしふたをあけてみると、日本海軍の潜水艦用兵はまったくまちがっていた。

これは海軍にかぎらず、陸軍はもっとひどいものであったが、戦争というものを経済の面から考える視点を日本の軍はまったく持たなかった。戦争というものを単純に武力と武力の戦いだと思っているわけだから、潜水艦を通商破壊の武器として使う気がなかった。アメリカの潜水艦は日本の商船をどんどん沈めて、日本は経済的にアップアップしているのに、日本の潜水艦は、見てくれのいいアメリカの大型軍艦ばかり追いかけて、反対に沈められてしまった。

太平洋の戦場で、目立たない存在ではあったが、日本軍の必要欠くべからざる構成分子の一つに、約二十七隻の日本潜水艦群よりなる先遣部隊があった。この部隊は偵察、情報収集、日本軍の攻撃を免れたアメリカの戦艦、空母に対する魚雷攻撃が任務であった。しかし、その払った犠牲の大きさに比して成果はゼロに近く、二十七隻のうち、アメリカの軍艦を攻撃し得たものはわずかに一隻を数えるのみであったという。

「敵側の小型艦艇や哨戒機にたえず制圧されどおしで、たまたま好目標を発見しても、敵の先制攻撃を受け、こちらから攻撃をしかける機会は与えられなかった。潜水艦は所詮、商船攻撃兵器であって、交通破壊戦に主用すべきものである」

とは、作戦を終えて帰還した潜水艦長や司令官のいつわらざる報告であった。

第一次世界大戦において、連合国側はドイツのUボート（潜水艦）に泣かされた。連合国の商船はつぎからつぎへと海底に沈んだ。大英帝国海軍は、栄光今やいずこという土壇場にまで追いつめられた。何らかの対策を打たなければならなくなっていた。

当時、この対策の樹立をはばんだものは、時の英国連合艦隊司令長官の、「専門家に委せておけ」という自信と頑迷さであった。

当時三十八歳のチャーチル海相は、これに対し激しい反撃に出た。

「創造力のない特殊専門家ほど恐ろしいものはない」

そして、断乎として連合艦隊司令長官を罷免し、ヘンダーソン海軍中佐を抜擢して、商船護衛体系を確立した。その根本理念は、多くの商船をまとめて船団を組み、周囲に護衛艦をつけるというものであった。

ここに、日本とアメリカの、太平洋における潜水艦戦略について述べている皮肉な総括がある。アメリカ側のホルムズ大佐は、その著『潜水艦作戦の勝利』において、

「日本海軍は十八、九世紀のマハン・ドクトリンの条件つき戦略と、二十世紀のUボートをめぐる戦訓の両方をつかみそこねた」と述べている。

日露戦争の日本海海戦当時、東郷提督の片腕だった秋山真之中佐（後の中将）は、

少佐時代に米国に留学し、米国海軍の戦略家マハンに師事したとき、マハンは次のように教えた。それは条件つきの戦略だった。

「一に艦隊決戦、二に艦隊決戦、三に艦隊決戦。ただし通商補給の態勢が整っている場合にのみ成功する」

というものである。

日本海軍の海軍兵学校、海軍大学校の戦術の教科書には、このただし書きがミスプリントされていたのではあるまいか。これについては、日本側の福留海軍中将が『期待を裏切られた潜水艦』と題した一文で、「潜水艦作戦に関しては、日本海軍には大きな誤算があった。……申し訳ないことである」と率直に認めている。

人間魚雷回天がはじめて戦場に投入されたのは、戦勢の帰趨が定まった昭和十九年十一月、ウルシー環礁の米機動部隊泊地に対してである。回天は潜水艦に搭載して目標近くにはこび、発射後は人間が操縦して目標に体当たりする特攻兵器であった。初回は航空用ガソリンを積んだ大型油送船を撃沈したが、泊地襲撃は従来の局地戦と同じ用兵思想であって、敵の警戒が厳重になると、回天発進前に母潜が攻撃されるようになった。ウルシーから沖縄戦までの間にのべ十八隻の潜水艦が泊地攻撃に指向され、発進に成功したのは三回、潜水母艦の喪失は六隻に上った。

それに気づいた日本軍が、回天を洋上の交通破壊戦に使用しはじめたのは、昭和二十年四月下旬以降であった。そのころにはレーダーの性能もようやく向上し、逆探知器と併用することによって、従来のように奇襲を受けることが少なくなって来たし、潜水艦にとって最も苦手だった吃水の浅い対潜艦艇に対しても、回天を最後の切り札に使用することができた。日本の潜水艦は三年以上にわたる長い苦闘の末、ようやく米艦船と対等に戦いうる条件を備えたのである。輸送用の潜水艦や旧式の海大型潜水艦にいたるまで回天を搭載して、沖縄〜マリアナ間の交通破壊に出動したが、残っていた大型潜水艦は、甲、乙、丙が五隻、輸送用、旧式海大型などを合わせても、十四隻しかなかった。

最高責任者の不在

戦争の二本柱である陸軍と海軍が官僚化して、おたがいに縄張り争いをくりかえしていたことは、衆知の事実である。そして、それを統帥することのできる人はいなかった。すべての命令は天皇の名において出されながら、その命令の責任を誰もとらずにすむという、絶対的無責任体制とでも呼ぶべきものが、日本軍の内部を徹底的にむしばんでいたといってよいだろう。国家の最高責任者（アメリカのルーズベルト、イギリスのチャーチル、ソ連のスターリン、ドイツのヒトラー、中華民国の蔣介石のような人物）の不在は、明治憲法のもたらした悲劇であった。天皇は旧憲法によれば一応統治、開戦、講和など多くの大権の保有者とされていた。しかし、大権行使の責任はとわれることのない不思議な存在であった。日本国民がそのカラクリに気づいたのは、戦後の極東裁判においてであった。

太平洋戦争における日本の戦争指導は、政治の最高の輔弼者である内閣総理大臣と、統帥の最高の輔翼者である参謀総長（陸軍）および軍令部総長（海軍）の三者の鼎立（ていりつ）という形で行なわれた。

しかも、各大臣はそれぞれに天皇に直属していて、総理大臣であろうとも、省議において自分の意思に基づいた統裁を行なうことができない。その上、天皇の直裁事項である軍の統帥に関しては、一言半句も口ばしを入れることができなかった。こう見てくると日本の旧憲法では、戦争指導上の責任者は究極のところはっきりせず、いわば無責任な寄り合い世帯だった。軍や政府の首脳は天皇に対して責任をとることはあっても、国や国民に対して責任をとる体制ではなかった。戦時下における日本国民の悲劇は、すべてこの無責任体制に端を発している。

最高責任者がいなかったことに加えて、統帥権の独立と陸海軍の対立とが、戦事指導を困難にした最大の原因だった。

昭和十二年十一月、大本営の設置とともに、大本営政府連絡会議が設けられたが、統帥権の独立という強い障壁が統帥の内容を論議することを阻止した。軍は完全に天皇上御一人の統帥下にあり、なんぴともこれに口をはさむことができなかった。いったん天皇の裁決がおりると、それに反対する声は一切封じられた。日米開戦に危惧を抱いた要人の数は少なくなかったが、いったん決まったことをくつがえすことはできなかった。一国の運命が、このような少数意見によって決定される例を他に知らない。

一方、陸海軍の軍政、軍令に関しては、相互に協議を要する事項以外は、陸軍かぎり、海軍は海軍かぎりで、いっさい他のものの束縛をうけず、極端にいえば、お互いの独善的秘密主義が横行し、相互に相手の事情がさっぱり分からず、協議を要する問題になると、これを裁くものがいなかった。児戯にも等しいジャンケンか、喧嘩両成敗か、片方が泣いてひきさがるしかなかった。これが戦争指導という大任を負う最高指導部のあるべき姿であろうか。

ところで、戦争とはいったい何であろうか。それは、国策遂行上、あらゆる平和的手段によっても、最小限の目的さえ達成できない場合にとられる国と国との間の暴力手段である、といってもいいであろう。しかも戦争の原因は、国と国の間の誤解と認識不足の累積であって、戦場とは矛盾と齟齬の相乗プラス誤解と意思の疎通の氾濫である。こうした悪条件を最も少なく食いとめた方が勝利者となるのである。

この国と国との間の暴力行為の根源となっている「国策遂行」とは、はたして絶対のものなのであろうか。「あらゆる平和的手段」が完全なものであるかないかはしばらくおくとしても、それが「暴力」であることに変わりはない。個人と個人の間の争いの場合、暴力手段がアウトローとして社会からつまはじきされる現代社会において、国家と国家との間の「暴力」のみが許されていてよいのだろうか。クラウゼヴィッツは、「戦争とは手段を選ばなくなった国家間の取引である」とははなはだ皮肉なとらえ方をしている。

現代の戦争においては、中世紀のような傭兵と傭兵との間の暴力行為は考えられず、一国の軍を形成するものは国民であり、軍は国民の最も有力な一部でなくてはならないだろう。すでに第一次世界大戦のときでさえ、ドイツは総人口の十九パーセント、フランスは総人口の二十一パーセントを軍に召集しているのを見ても、国民と軍とは別々のものと考える思想はなりたたない。

しかるに、日本の軍隊は国民の軍隊ではなく、「天皇の軍隊」であった。一国の最高責任者が国際紛争解決のため、暴力行使の手段に訴えるとき、その原因から結果までのすべての経過の行程において、国民の合意を得なければならないはずであるのに、国民の知らぬまに戦争が準備され、行なわれたところに、日本の前近代性があり、国民の悲劇があった。戦争をはじめるときには何の相談もなく、はじまってしまえば情け容赦なくそれに駆りだされ、負ければ「国民も悪かった」「一億総懺悔」では、国民の方がおさまるまい。戦争に敗れて、日本国民全部が「もう二度と戦争はすべきではない」という教えを肝に銘じたとすれば、これこそ大いなる収穫であろう。

そこで、もし日本が「喉元すぎれば……」の愚を将来犯すことがあるとすればどうだろうか。この間にアメリカ、ソビエトはもちろん、英国もフランスも中国も、新しい兵器の研究に隔世の進歩をとげており、もしこれが第三次世界大戦にでも発展することになれば、戦場の様相は第二次世界大戦以上に凄惨をきわめることだろう。

戦略的原子爆弾と併用して、戦場のいたるところで戦術的原子力兵器が主役となるだろうし、ミサイル兵器は空対空、地対空、海対地、空対地とあらゆる分野で活躍することだろう。百発百中の的中弾が照準器とボタン一つで発射され、地上を驀進する戦車がたとえ百千を越えようとも二人のミサイル射手により数分で破壊炎上し、空を覆って襲ってくる数百千の敵機も次々と火をふいて撃墜されるという光景がＳＦ小説でなくなる時代である。日本軍がかつて行なった人間一人の命を託した特攻攻撃が、無人のわずかな機械とわずかな人により行なわれることになる。

ここ数年、日本でも防衛力の増強というようなキャンペーンが、くりかえしくりかえし叫ばれるようになったが、それがいわゆる防衛産業の利潤追求行為につながるものでなければ幸いである。

日本の政治体制は、いまだに古い無責任体制の尾をひいている。サイパン島の全滅戦に奇跡的に生き残った私の体験に照らして、あのような悲惨な光景を二度と見るに忍びない。日本に無責任体制がつづくかぎり、戦争のような大事は行なわれるべきではない。

東条人事

東条英機（陸士十七期、陸軍大将、首相、参謀総長）は「独裁者」ともいわれ、「カミソリ東条」ともいわれた。特に戦争の最高責任者（首相兼参謀総長）となるや、良きにつけ悪しきにつけ、さまざまな話題を残した。その言行の是非は、後世の歴史家の批判を待つとしても、サイパンの戦局が、その終末に近くなったころ、たまたま当時、巡回教育のため内地からサイパンを訪れていて、そのまま戦火にまきこまれ、帰還できなくなった陸海軍の高級将校たちをサイパンから脱出させる計画（結局は不

成功）が立てられた。彼らは外来者であって、現地部隊のどれとも所属関係がなかった。その計画を電報で知った東条参謀総長は、

「上級将校の進退としては適当でない。報告のためというのなら一人でよい」

と憤然として席を蹴って立ち、脱出組の各高級将校に、現地軍での職務を発令した。これは「現地軍とともに死ね」という命令を与えたのと同じことだ。酷といえばそれまでだが、日本の最高指導者の一人として、「軍人東条」の本然の姿が、あえてこの処置をとらせたのだといえるだろう。

しかし、このカミソリ東条も、軍人として、あるいは宰相として、いまひとつ大きな器量を欠いていた。東条の敵はアメリカであるよりも日本海軍であり、しかもそれが最も苦手の敵だった。独裁者といわれ、カミソリといわれた彼にも、こんな弱点があったことは、日本の国家組織の欠陥が然らしめた悲運で、一東条の何ともできなかった宿命だったのかもしれない。

中部太平洋方面の戦況が極度に悪化した昭和十九年六月、それまで陸軍省整備局の物資動員主任課員であった塚本清彦少佐（陸士四十三期）が、第三十一軍参謀として、グアム島に赴任させられた。

当時、陸軍大臣と参謀総長を兼任していた東条首相に対し、塚本少佐は自らの職責

上の資料を基として、日米の戦争経済の見通しを述べ、東条は首相を辞めて軍事に専念すべきであると諫言した。それが東条の逆鱗にふれ、塚本は中央から放逐され、グアム島の前線へ追い出された。

塚本少佐は出発を前にして、その妻に、

「俺は遠島流罪に処せられてサイパンに行く」

とその無念の胸中を述懐している。

このころ、戦局の前途に関し、塚本少佐と同じ考えの先輩、友人たちのなかには、

「なあに、マニラあたりでぐずぐずしていれば、そのうち、東条内閣も潰れるよ」

と助言した者もいたが、塚本少佐は、グアム島にいる第三十一軍司令官小畑中将をサイパンまでつれて行け、という副任務まで言い渡されていて、マニラでの滞在を許さないかせがはめられていた。たとえマニラで先輩、友人の助言をいれて、時間をかせいだとしても、結局、彼の前途は戦死への途しかなかったものといえる。グアムに着任して、わずかののち、軍司令官をサイパンに送るという副任務も果たさないうちに、塚本少佐は南溟の孤島で戦死した。

優秀な頭脳を働かせ、国を憂える正しい判断から、戦争の継続を批判して、かえって首相の不興を買い、不遇の運命をたどった一参謀の死は、戦争の悲劇というには、

あまりにも痛ましい。

戦場におもむくことは、軍人として最大の義務であり、名誉であり、上は軍司令官から下は一兵卒にいたるまで、勇躍して任地におもむいて行ったものである。その美しい伝統を汚し、聖戦とよび、聖地と信じた戦場を流罪の島とし、自らの意にそわない人物を微罰の意をこめて追いやり、私怨の報復に利用したのである。まさに職権の私的乱用ともいうべきことが、天皇の名のもとに、中央でも、現地軍でも、末端の第一線でも、日常茶飯事のように行なわれた。政府に苦言を呈するジャーナリストのなかには、その記事が禍して、一兵卒として戦場に送られ、あるいは獄につながれたりした例など、とても正気のさたとは思われない。これこそ、権力の頽廃、軍の腐敗でなくて何であろう。

また、大本営陸軍部作戦課の参謀晴気少佐は（陸士四十八期）、昭和十九年二月十八日、マリアナ作戦準備のため派遣された「つる派遣班」の一員としてサイパンにおもむき、帰国後はサイパン島作戦主任課員として、大本営にあって、その防御計画に専念した。米軍がサイパンに上陸したあと、彼は海軍機で硫黄島まで進出し、何とかしてサイパンに行こうとして落下傘降下まで考えたが、戦況はもはやこれを許さなかった。ひき続き任務に精励してはいたが、内心死所を求めていたようだ。

昭和二十年八月十四日、晴気少佐は大本営のあった市ヶ谷台上で自決し、国家と英霊に対し、その責をとった。自決が最良の手段であったかどうかは別として、戦後、市ヶ谷台上に晴気少佐の追悼碑が立っているが、日本全国どこにも東条首相の碑のあるのを聞かない。この純真な青年参謀の責任感に対する国民の哀悼の表われだろう。下級兵士や国民に「生きて虜囚となるなかれ」と命令した指導者たちは、一億総ぐるみ虜囚となった敗戦の日、いったい幾人が自決したというのだろう。おめおめと生き残って、軍人恩給をもらいつづける神経は、とても武人のあるべき姿とは思えない。

昭和二十年八月十日に認めた晴気少佐の家族宛の遺書には、

「戦いは遠からず終ることと思う。それがいかなる形において実現するにせよ、私はこの世を去らねばならぬ。あの世に行って、九段に眠る幾十万の勇士、戦禍の犠牲となった無辜の市民にお詫び申し上げることは、私の当然とるべき厳粛なる武人の道である。サイパンにて散るべきだった命を今日まで生き永らえた私の心中を察せられよ」とある。

階級上からいっても、晴気少佐の上には、服部大佐から東条大将まで数段階の「サイパン」失陥の責を負う人がいたはずである。いかに担当主任の職にあったとはいえ、またその本人の高潔な性格によるものとはいえ、三十代の青年参謀を死に追いこんだことに、その上級者は責任を感じないのだろうか。日本という国のどこかに、重大な何かの欠陥があったのではなかろうか。塚本参謀の場合とちがった意味で、上級者に対する忿懣やるかたないものがある。

首脳部の甘さ

太平洋の戦局が日を追って悪化してゆくなかで、戦争指導層の判断力の甘さが明らかになった。アメリカやオーストラリアの公刊戦史をのぞいてみても、日本軍の自己戦力の過大評価、敵側戦力の過小評価が、戦局の命とりになっていたことが、いたるところに記述されている。

ミッドウェーの惨敗でケチがついて以来、ガダルカナル戦にかけて、参謀本部（陸軍）も軍令部（海軍）も、状況判断のミスにつらなる作戦上のミスが目だって多くなった。さらに、トラック島がアメリカ軍に爆撃されるにおよんで、中央では、杉山元参謀総長、永野修身軍令部総長を追い出して、東条首相兼陸相がさらに参謀総長を兼ね、嶋田繁太郎海相が軍令部総長にかわるという前代未聞の交代劇が行なわれた。政治上の責任者（首相）が軍統帥の責任者にもなるということは、いわば一国の絶対支配権を東条個人が握るということになる。海軍の統帥の責任者である嶋田は、小東条と陰口をいわれるくらいで、東条の意のままに動く人物だった。こうなると「統帥権の独立」どころか「政治の独立」すら有名無実になってくる。この人事に対し、若手幕僚の間には、何か不吉な予感さえ流れていた。

連合艦隊参謀長であった宇垣纏中将は、その『戦藻録』のなかで「ガ島作戦の失敗の主因は制空権の喪失にある」と述べているが、ミッドウェーで第一航空艦隊の大半を失っているのに、いまさら制空権を敗因にあげなければならぬ次の作戦を行なったことは、明らかに矛盾している。それこそが米軍戦力を甘くみた状況判断のミスであり、宇垣自身の作戦のミスである。

さらに彼は「ガダルカナル島に対する米軍の企図を、初め偵察上陸の程度と見くびり、また戦争第一段作戦の戦勝に思い上って、米軍の戦力を過小評価した大本営は、軍隊の最も戒むべき、兵力の逐次注入の過誤を冒して、ここに、わが軍の最も不利とする消耗戦を展開してしまった」と率直にその非を認めている。

陸軍側の作戦部長田中新一中将でさえ、次のような初歩的状況判断のミスを犯している。すなわち、「白人の敵兵中、強弱の順は、英、豪、米と見ているのは既に誤りの第一歩。今またガダルカナルの容易ならぬ事態からみて、対米太平洋戦こそ、この戦争の決戦である。今のうちにソロモン、東部ニューギニアの南太平洋正面で勝っておかないと、とり返しのつかないことになる」などと、さらに戦場を拡大するの愚を演じようとしていた。

戦況に押し流され、追いつめられた焦燥感にあわてふためいていたのは、統帥部自身であって、そのくせ、米軍の戦力に対する過小評価と、うぬぼれだけが、何の科学的根拠もなく、まかり通っていた。そのため、日本軍は、第一の誤りだけではなく、誤りの第二歩も踏み出してしまった。

「敵を知り、己を知るものは、百戦あやうからず」（孫子）の鉄則さえ忘れ果てては、もういたしかたがない。『孫子』は中国の古い兵書で、帝王の秘本、将相の秘本、その他すべての闘士、猛士の秘本として、現代戦にも通ずるものがある。その「謀攻第三」に「彼を知り己を知れば百戦して危からず。彼を知らずして己を知れば一勝一負す。彼を知らず己を知らざれば戦うごとに必ず殆（危）し」とある。

内輪もめ

サイパン防衛の第三十一軍軍司令官小畑英良中将（陸士二十三期）が戦況視察のためパラオ島に滞在中、アメリカ軍のサイパン攻撃が開始された。軍司令官一行は直ちにサイパン島に向かい飛行機で帰島しようとしたが、制空権はすべて米軍に帰し、サイパン島のアスリート飛行場は使用できず、やむなく島の北端にあった未完成のバナデル飛行場に着陸する決心をしたが、しかし、この企てもアメリカ軍機の攻撃を受け、サイパン島上空にも達しえず、やむなくグアム島に着陸し、以後グアム島にあってサイパン島の第三十一軍を指揮することになった。

グアム島で終始小畑中将と行動を共にしていた第二十九師団参謀武田英之中佐（前出）は、グアム到着後の小畑軍司令官と東京の大本営との電報のやりとりを、次のように話してくれた。

ある日、グアム島に着いた軍司令官に、大本営から次の電報が送られてきた。

「軍司令官は何の目的でパラオに行ったのか。また、なぜグアムにとどまって、サイパンの戦闘を指揮しようとするのか。これは適当でない。万難を排して、すみやかにサイパンに帰島せよ。命により参謀次長電報す」

暗に小畑軍司令官のサイパン帰島の意志の弱さをなじっているものであった。軍司令官はひどく憤慨して、

「これが人間同士の対話だろうか。人間の運命はおそろしいものだ」

と武田参謀にもらしたという。しかし小畑中将はすぐ冷静さをとりもどし、次の返電をした。

「サイパン攻撃の報に接し、直ちに帰島する決心をしたが、サイパン島は敵空軍の完全な制空権下にあり、飛行場も着陸を許さず。貴方より着任の塚本参謀は、大本営よりの命なりとして、サイパン島への帰島を強く我に強要したが、諸般の状況より、グアム島にて第三十一軍を指揮するのやむなきにいたった。ここに再度、当時の状況を報告打電するのは、大本営に現地の状況の再確認をうながすためのもので『太平洋の防波堤』となることを陛下にお誓いした小畑は、命を惜しむものではない。サイパンとの通信連絡が確保されている現状においてとった、最良の軍司令官の決心であることを了承せられよ。以後、機を見てサイパンに潜入する決心に変わりないことを申し添う」

非常の場合、大本営と軍司令官との間に判断と処置の不一致がおこることは、えてしてさけられないが、机上の空論にもとづいて、巷の喧嘩のようななじり合いをする、最高統帥部のあり方に憤りさえ感じる。統帥部は、軍司令官がサイパンに到着できるような手段を講じるのが仕事であろう。一片の命令電報だけだして、あとは自分でやれ、というのは、本末転倒している。これで戦争ができるなら、どこの国でも苦労はしない。東京の最高統帥部は、サイパン戦の勝利を本気で考えていたのだろうか。

むちゃくちゃな最高統帥部であったから、六月十六日になると、在サイパンの井桁参謀長に「天皇より井桁敬司に命令す。アスリート飛行場を死守すべし」と電報した。「天皇より」の冒頭の字は虎の威を借りたキツネのにおいが鼻につく。これが本当に天皇のご意思ならば、畏れ多いが、天皇はむちゃくちゃなお方だということになる。むちゃくちゃを承知で、幕僚が勝手に天皇の名を使ったとすれば、これはもう無責任の一語につきる。公文書偽造にならないのが不思議なくらいである。井桁少将のほうもまた、「できないことはできない」と返電した。来信も来信なら、返信も返信だ。統帥部と現地軍との間で電報による愚にもつかない争いがくり返され、軍内相互の憎悪と対立が激化した。

この日も、サイパン島南部に残った日本兵が、地雷を背負って、夜間アスリート飛行場に潜入し、敵機P47と心中するという悲惨な戦闘が続行されていた。天皇陛下は、本当にこんな戦闘を命じられたのだろうか。しかし、一方、そうした幕僚たちが、天皇の名をかたった罪で罰せられたという話も、きいたことがない。権力者間のなれあいという感じがしないではない。

暗号とレーダー

アメリカの作家ラディスラス・ファラゴ著『盗まれた暗号』（原書房発行）は、こう語っている。

「ヤードレイのブラック・チェンバーが暗号解読をやるばかりでなく、東京駐在のワトソン海軍中佐、Ｅ・Ｍ・ザチアリアス海軍中佐、Ｊ・Ｗ・マックララン等が暗躍し、日本側の永野修身大佐、野村吉三郎大佐、米内光政中佐をマークし、ワシントン軍縮会議に先だつ七週間前に、日本が米の提案になる五・五・三の比率に妥協する可能性ありとの確信を得て、本国に打電し、ワシントンの海軍軍縮会議をアメリカの大成功に導いた」

開戦前からしてすでにこうである。開戦直前、開戦後、戦闘間を通じて、日本の暗号は盗まれっぱなしといってよい。

戦後、アメリカの国家安全保障局（ＮＳＡ）は、第二次大戦中に米国が解読していた日本の暗号通信に関する機密文書を公開したが、これを仔細に検討すると、米国が真珠湾攻撃を事前に察知していたのではないかと思われる点がみうけられる。その問題点はどこかというと、昭和二十年八月十五日の日本敗戦から十五日後に書かれた暗号解読報告書の中で、「われわれの情報源の安全を、できるだけ守るために、真珠湾攻撃に関する当局の言及にわくをはめた事実に注目されたい」といっている点である。また「真珠湾について言及、また将来いかなる言及が起ころうとも、安全保障規程を緩和することはありえない。われわれの情報源に関係がある個々の記録は、いかなる形で公表されようとも、現在あるいは将来の重要な情報収集に支障を来すかもしれないからだ」といい添えている。

もし米国が真珠湾攻撃を事前に察知していながら、これを放置していたのであれば、日本をわざと戦争におびきよせた形となり、日本の奇襲攻撃を受けて立ったという日米開戦についての米国の主張は大幅に修正せざるをえなくなるだろう。

冒頭にもでてきたアメリカの作家ラディスラス・ファラゴの書いた『キツネたちのゲーム』という、第二次大戦中の米国におけるドイツのスパイ活動を追及したドキュメントは、「米国は開戦前から日本の暗号を解読していた」と述べている。さらに民間の暗号研究家デービッド・カーン著『暗号解読屋』も同じ事実をくわしく述べ「真珠湾攻撃のおかげで、各省庁まちまちだった情報機関がNSAに統一された」と示唆に富む書き方をしている。

また、米政府の一部情報機関が、日本の暗号を解読することによって、事前に真珠湾攻撃を察知していながら、日本軍の攻撃により米側に大きな損害を出したというのは、横の連絡の不足のためではないか、と見られないこともない。

米国における日本軍暗号の解読機構は、レーダーの普及発達によって、さらにその成果が裏づけされた。米軍では、昭和十七年（一九四二年）十月十一日夜、サボ島（ガダルガナル島付近）沖の海戦からレーダーが本格的に使われるようになった。それ以後、月月火水木金金の血みどろの訓練をつみ重ねてきた日本海軍も、豪勇精強を誇った日本陸軍も、どうにもならなくなった。

日本の連合艦隊が健在であり、無傷の陸軍が何個師団あっても、アメリカとしては、レーダーを持つ駆逐艦一隻と空母一隻があれば、それで十分だった。

前にも引用した『海軍の反省』のなかで、福留繁中将は「戦争の全期間を通じ、艦船、飛行機、潜水艦の別なく、また、空中、地上、水中を問わず、晴雨昼夜の差別なく、あらゆる攻防両用の重要兵器になったものは、レーダーであった。日本海軍はあらゆる面で、この新兵器の開発に遅れをとることを余儀なくされていて、その影響の累積の重大さは、実にはかりしれないものがあった」といっている。

陸軍の電波探知器関係兵器にいたっては、海軍のそれよりさらに数等遅れていたというのが実情である。日本陸軍の伝家の宝刀とされていた「奇襲」も「夜間戦闘」もすでに過去のものとなっていた。自分たちがすでに時代おくれになっていることにも気づかず、井の中の蛙さながら、やたらに精神主義をふりまわし、それで万事が解決すると思っていたのだから、罰があたるのは当たり前である。

かくて日本軍は、陸海空の各分野において、技術水準の低さに泣かされ、それが拭うことのできない致命傷となった。身から出たサビで、誰を恨むすべもない。

ふりかえってみると、昭和戦乱期の長い期間を通して、日本の陸軍と海軍は常にいがみあっていた。戦前の日本の社会体制には、たしかにさまざまな欠陥と盲点があって、そのそれぞれについては、本文の各所でふれてきた。しかし、軍の統制に限っていえば、陸海軍相互の子供じみた縄張り争いが、どれだけ日本の戦争遂行能力の足をひっぱったことか、はかり知れないものがあった。

陸海軍間のツッパリあいは、単に国家予算のぶんどり合戦や戦功争いにかぎらず、海軍が五・一五事件（犬養毅首相暗殺事件）をおこしたのなら、陸軍は二・二六事件（クーデター事件）をおこすというような領域にまでおよんでいた。

国の中に二つの軍があるようなもので、しかもその二つの軍が政府（首相）に直属せず、それぞれが独立して天皇に直属しているという、とても常識では考えられない制度になっていたのである。外敵と戦う前に、陸軍はまず海軍と、海軍はまず陸軍と、闘わなければならなかった。その奇妙な闘いに、お互いが疲れはてていたのである。

このような国は世界でもまれであって、だからこそ亡ぼされてしまったということもできる。そこへもってきて、最高責任者の不在という完全無責任体制が、憲法によって保証されていたのだから、いわば日本全体が烏合の衆の大群のようなものであった。

私が残念に思うのは、この体制の欠陥を悪用して（私はあえて悪用というが）、敗戦後、この「敗戦の責任」をだれ一人とろうとしなかったことである。開戦の責任については、占領軍が戦争犯罪人という名目で、極東軍事法廷というものを開いた。これは勝利者である相手側のやることで、日本人の側の問題ではない。このような裁判はまちがっているという法理論さえなりたつだろう。

私がいうのはそうではなくて、「敗戦の責任」ということである。日本という国と国民が、あのように無謀な戦争にまきこまれ、多くの人命を失い、経済的には完全に破産状態となり、多くの国土を失ったについて、その無謀を押し通し、結局さんざんな敗け戦さしかできなかった軍のなかから、どうして「敗戦の責任」を自ら裁こうとする動きが出てこなかったのか、それが無念でならない。

太平洋戦争は日本の歴史の中のまさに悲劇的な汚点であろう。その敗戦の責任について、軍が（天皇に対してではなく）国民に対して率直に責任をとってみせることによって、あるいは軍は有終の美を史上にとどめることができたのかもしれなかった。

しかし、軍首脳は責任のがれこそすれ、国民に対する敗戦の責任を自らとろうとはしなかった。それどころか、軍人恩給まで要求した。財源はもちろん国民の税金である。これは道義的な破産であるといわれても、返す言葉がない。すでに軍の道義的頽廃はそこまで浸透していたのであろうか。

戦後の世相を評して「無責任時代」という言葉がある。政治家も、官僚も、その他世間のさまざまな分野で、「無責任」が横行している。あたかも日本社会は道徳的な破産状態に陥っているかのごときありさまである。こうした大規模な道徳的頽廃現象のよってきたるところは、すべて敗戦の形式（だれも責任をとらないですませること）のご都合主義にあったのではないか。敗戦の責任を当時の日本の指導者が国民に対してとろうとしなかったところにあったのではないか。その意味では、太平洋戦争が国民の心にのこした傷あとは大きい。経済的な復興は別として、日本人社会は、まだ戦争ののこした後遺症に苦しみつづけているといわなければならない。簡単にあの戦争を、過去のものとして、忘れ去ってしまうわけにはいかないのである。

あとがき

大本営報道部はいわば各種情報の行き交う交差点（ジャンクション）の近くに存在していた。都会の街角でいえば、交差点の角にある家のようなもので、その家の住人（報道部員）は、いやでも毎日いろいろなことを見、その騒音を聞き、時には交通事故も目撃し、その行きどまりの小路の奥に住む八つぁんや熊さん（一般の住民）にくらべれば、自動車や交通に関する情報について、いつの間にか少しくわしくなる。

ましで、この住人が好奇心の強い親爺であれば、交通渋滞が起これば、隣りの交差点まで出かけて行ってその原因を確かめてくる。しかし、悲しいかな、この住人は自動車の専門家ではないし、交通問題に関する玄人でもない。ただ八つぁん、熊さんよりも古くからこの環境の中で育ってきたので、見たもの、聞いたことに対する消化吸収力が八つぁん、熊さんよりは少しばかりましであったというにすぎない。

この交差点には、地上の交通と違って、交通法規もなければ、交通巡査もいない。スピードオーバーで交通主軸線に沿って駆け抜けるもの、交差点の直前でターンするもの、右折禁止も一時停止もない無法地帯の交差点の近くにいるのが、報道部である。

戦後数十年、戦争を知っていた人々もだんだん世を去ってゆく。戦争の交差点に住んでいた報道部員も戦死刑死、病死、交通事故死と、年とともにその数が減ってゆく。戦争中あれほど国民の上に君臨した「大本営発表」も、年とともに人々の脳裡から消えていこうとしている。国民に一番近かったわりには、信じている人が少なかったようだが、その実体があまり知られていなかった「大本営報道部」のあゆんだ道をふりかえり、その記録を書き残しておこうと筆をとった。

しかし、執筆にかかってすぐに、難関にぶちあたった。それは私の報道部在任期間が少なかったことと、八つぁん、熊さんより少しは当時のことを知っていると思っていたうぬぼれが、自らの浅薄な知識と経験でしかなかったことに気がついたからであった。真実を書き残すためには、その一部または大部分を先輩より聞きだし、すでに出版されている文献をあさり、その間隙を埋めるよりほかはなかった。また、太平洋戦争中の途中経過が、地理的な関係から、海軍関係の戦闘が多くなった。敗けいくさだから、海軍関係者には後味がわるいかもしれないが、別に、陸軍の罪を棚上げして、海軍に罪をかぶせようという意図でこうなったものではないことをお断わりしておく。全文を通読して下されば、わかって頂けるものと思う。

このため、文章に一貫性がなく、つぎはぎが目立つことになったことをお詫びする。さらには引用させていただいた参考文献の発行元および著者に対し謝意を表するとともに、インタビューに応じていろいろお教えいただいた諸先輩に厚く御礼申しあげる。

そもそも、私は少年時代に広島の陸軍幼年学校に入り、士官学校、陸軍大学校とすすみ、陸軍砲工学校教官を経て、大本営報道部員となった。軍人以外の社会を知らぬ者が、社会の第一線であるジャーナリズムと接触することになったのだから、うまく行くはずがなかった。ずいぶん無理なことをいって、世間の人々を困らせたのではないかと思う。若いうちに権力の座にすわると、自分でも知らぬうちに、思い上がった言動をする。おそらく、鼻もちならない軍人であったのではないか。いわば、言論統制と戦意昂揚（考えようによってはこれはデマ宣伝）の旗ふりをやっていて、罪の意識を持たなかったのだから、単純といえば単純、愚かといえば愚かの骨頂であって、慙愧にたえない。当時の軍人というものは、だいたいこの程度に頭のわるいものであったということである。頭のわるいものが一国を支配したのだから、日本が破産してしまったのもむりはない。

その後、昭和十九年、サイパン島守備部隊であった第四十三師団（名古屋編制）の師団参謀となり、米軍のサイパン島上陸を迎えて、文字どおり全部隊全滅の死闘をくりひろげた。この戦闘では、軍組織の欠陥を、軍人だけが尻ぬぐいするのではなく、多くの一般市民までまきこんでしまった。申しわけないかぎりである。言語に絶する悲惨、この世の地獄をすべて体験した。

七月七日の最後の総攻撃で、重傷失神中、米軍に収容され、米軍内の手術室で蘇生した。在サイパン日本軍参謀のなかで、ただ一人、生き恥をさらしたのである。死による人生の清算すらも神が見放したというべきであろう。私のような罪深い軍人に、恥多い余生を送らせることこそ、神の与えられた罰であったと思う。

「人のまさに死なんとするや、その言や善し」という言葉がある。戦争中三十代であった私も、すでに老骨七十歳をこえた。余生ももう長いことはない。少しは何かを書き残せるのではないかという気がするが、それもまたおぼつかない気もする。しかし、これだけは言っておきたいと思うのは、軍人は今後二度と政治に関わるな、ということである。世界のどの国を見ても、軍人が政治に関わって、うまくいっている国はない。太平洋戦争で死んでいったたくさんの人々の霊に応える道は、それしかないと考える。武力による政治が国民に幸せをもたらすとは思えない。

ところで、この拙文のなかには、多少批判がましい言辞を弄した部分があること、ご承知のとおりである。自分自身がその中の一員でありながら、自分の属している組織の欠陥について、とやかくいうことは、古い日本人社会ではタブーになっている。あえてそのタブーに挑戦しようなどという肩肘いからした気持はまったくないが、身内意識のタブーの中で、肩よせあって生きているようないじましい処世術を、おたがいにかばいあっていたのでは、後世の人が参考になるようなことを書き残せない、と思って、思いつくままに書いておいた。成功談よりも失敗談のほうが、世の人の役にたつのではないかと思う。

自分の悪行を棚にあげて、「かえりみて他を言う」ことになるのではないか、と見られる恐れなしとしないが、くり返していうが、私は自分のあやまちを弁護する気はない。自分の前半生は罪万死に値すると責めながら、敗戦後、一人でできることといえば、何かを書き残すしかないと考えてきた。サイパン島戦の全容についてはすでに一冊まとまったし、亡くなった多くの戦友たちへのお詫びの仕事のあいまに、ぽつりぽつり書いたことだから、一冊の本としては首尾一貫せず、書きのしたことのほうが多いと思う。ひまを見てさらに書き足していきたいが、私の寿命のつきた時点で終わるしかない。それまでに形がととのうものかどうか、はなはだ心もとないが、意のあるところをくんで頂くよりしかたがない。

平櫛　孝

参考文献＊『朝日新聞縮刷版』昭和十六年～昭和十九年＊防衛庁防衛研修所戦史室著『戦史叢書』朝雲新聞社＊種村佐孝著『大本営機密日誌』ダイヤモンド社＊阿部禾太郎著『痛痕』＊上法快男著『陸軍省軍務局』芙蓉書房＊高橋正衛著『昭和の軍閥』中央公論社＊『偕行』昭和五十年～昭和五十三年各月号＊米参謀本部編／L・モルトン著『太平洋戦争の戦略と指揮』＊英参謀本部編／カービー陸軍少将著『一九三五年～四五年の戦争』＊ジョン・トーランド著『But Not In Shame』（パールハーバーから六ヵ月）ニューアメリカンライブラリー＊ジョン・トーランド著『Rising Sun』毎日新聞社＊インタビュー／清水盛明氏・大平秀雄氏・秋山邦雄氏・三国直福氏・馬淵逸雄氏の甥新治氏

単行本　昭和五十五年十月　「大本営報道部」　図書出版社刊
文庫　　平成十八年三月　「大本営報道部」　光人社ＮＦ文庫
装　幀　伏見さつき
ＤＴＰ　佐藤　敦子

産経NF文庫

こちら大本営報道部

二〇二三年九月二十四日　第一刷発行

著　者　平櫛　孝

発行者　赤堀正卓

発行・発売　株式会社　潮書房光人新社

〒100-8077　東京都千代田区大手町一-七-二

電話／〇三-六二八一-九八九一代

印刷・製本　中央精版印刷株式会社

定価はカバーに表示してあります

乱丁・落丁のものはお取りかえ致します。本文は中性紙を使用

ISBN978-4-7698-7063-0　C0195

http://www.kojinsha.co.jp

産経NF文庫の既刊本

我々はポツダム宣言受諾を拒否する
上野・厚木・満州の反乱

岡村　青

陸軍水戸教導航空通信師団、海軍第三〇二航空隊、満州国務院総務庁――ポツダム宣言受諾をよしとせず、徹底抗戦を唱えた人々。事件の発生から収束にいたるまでの経緯およびその背景とは。反乱事件に直接加わり、渦中にいて事件をつぶさに知る体験者の証言をもとに描く。

定価980円（税込）　ISBN 978-4-7698-7062-3

世界史の中の満州国

岡村　青

はたして満州は中国政府の主張するような、日本に捏造された「偽満州」であったのだろうか。本書はこの疑問をもとに、「侵略」「植民地」「傀儡」、これらの三つのキーワードで満州の実相、ありのままの姿を歴史的事実にもとづいて解き明かす、分かりやすい「満洲国」。

定価980円（税込）　ISBN 978-4-7698-7055-5

産経NF文庫の既刊本

革命家チャンドラ・ボース
日本人とともにインドを独立させた男

稲垣　武

その熱意は東条首相以下、日本政府・軍首脳を動かした！　ベンガルの名家に生まれ、ケンブリッジ大学で学ぶも、栄達の道をなげうって独立運動に身を投じた英雄——死後も英国を翻弄させ、植民地支配を終わらせる要因ともなった、その不屈の闘志を描く。

定価1080円（税込）　ISBN 978-4-7698-7061-6

朝日新聞血風録

稲垣　武

異端の元朝日記者が鋭く朝日新聞の病理を分析した社内の内幕。偏向報道の舞台裏を詳細に述べ、その中で、報道機関として中立の姿勢を保とうとした筆者の奮闘の日々。大新聞朝日に今も巣食う病根の数々を、冷徹にして痛恨の思いで綴る告発記。解説／髙山正之。

定価1080円（税込）　ISBN 978-4-7698-7056-2

産経NF文庫の既刊本

封印された「日本軍戦勝史」①②　井上和彦

日本軍はこんなに強かった！快進撃を続けた緒戦や守勢に回った南方での攻防戦など、第二次大戦で敢闘した日本軍将兵の姿を描く。彼らの肉声と当時の心境、敵が見た日本軍の戦いぶり、感動秘話などを交え、戦場の実態を伝える。

①定価902円（税込）　ISBN 978-4-7698-7037-1
②定価902円（税込）　ISBN 978-4-7698-7038-8

「美しい日本」パラオ　井上和彦

なぜパラオは世界一の親日国なのか——日本人が忘れたものを取り戻せ！　太平洋戦争でペリリュー島、アンガウル島を中心に日米両軍の攻防戦の舞台となったパラオ。圧倒的劣勢にもかかわらず、勇猛果敢に戦い、パラオ人の心を動かした日本軍の真実の姿を明かす。

定価891円（税込）　ISBN 978-4-7698-7036-4

産経NF文庫の既刊本

日本が戦ってくれて感謝しています2

あの戦争で日本人が尊敬された理由

井上和彦

第1次大戦、戦勝100年「マルタ」における日英同盟を序章に、読者から要望が押し寄せたインドネシア——あの戦争の大義そのものを3章にわたって収録。日本人は、なぜ熱狂的に迎えられたか。歴史認識を辿る旅の完結編。15万部突破ベストセラー文庫化第2弾。

定価902円（税込）　ISBN978-4-7698-7002-9

日本が戦ってくれて感謝しています

アジアが賞賛する日本とあの戦争

井上和彦

インド、マレーシア、フィリピン、パラオ、台湾……日本軍は、私たちの祖先は激戦の中で何を残したか。金田一春彦氏が生前に感激して絶賛した「歴史認識」を辿る旅——涙が止まらない！感涙の声が続々と寄せられた15万部突破のベストセラーがついに文庫化。

定価946円（税込）　ISBN978-4-7698-7001-2

産経NF文庫の既刊本

台湾を築いた明治の日本人　渡辺利夫

なぜ日本人は台湾に心惹かれるのか。「蓬莱米」を開発した磯永吉、東洋一のダムを築いた八田與一、統治を進めた児玉源太郎、後藤新平……。国家のため、台湾住民のため、己の仕事を貫いたサムライたち。アジアに造詣の深い開発経済学者が放つ明治のリーダーたちの群像劇！

定価902円（税込）　ISBN 978-4-7698-7041-8

「賊軍」列伝　明治を支えた男たち　星 亮一

一夜にして「逆賊」となった幕府方の人々。戊辰戦争と薩長政府の理不尽な仕打ちに辛酸をなめながら、なお志を失わず新国家建設に身命を賭した男たち。盛岡の原敬、水沢の後藤新平、幕臣の渋沢栄一、会津の山川健次郎……。各界で足跡を残した誇り高き敗者たちの生涯。

定価869円（税込）　ISBN 978-4-7698-7043-2

産経NF文庫の既刊本

「令和」を生きる人に知ってほしい　日本の「戦後」

皿木喜久

なぜ平成の子供たちに知らせなかったのか……GHQの占領政策、東京裁判、「米国製」憲法、日米安保――これまで戦勝国による歴史観の押しつけから目をそむけてこなかったか。「敗戦国」のくびきから真に解き放たれるために「戦後」を清算、歴史的事実に真正面から向き合う。

定価869円（税込）　ISBN978-4-7698-7012-8

子供たちに伝えたい　日本の戦争　1894〜1945年
あのとき　なぜ戦ったのか

皿木喜久

あなたは知っていますか？子や孫に教えられますか？日本が戦った本当の理由を。日清、日露、米英との戦い…日本は自国を守るために必死に戦った。自国を貶める史観を離れ、「日本の戦争」を真摯に、公平に見ることが大切です。本書はその一助になる〝教科書〟です。

定価891円（税込）　ISBN978-4-7698-7011-1

産経NF文庫の既刊本

日本人なら知っておきたい英雄 ヤマトタケル

産経新聞取材班

古代天皇時代、九州や東国の反乱者たちを制し、大和への帰還目前に非業の死を遂げた英雄ヤマトタケル。神武天皇から受け継いだ日本の「国固め」に捧げた生涯を南は鹿児島から北は岩手まで、日本各地を巡り、地元の伝承を集め、郷土史家の話に耳を傾けて綴る。

定価891円(税込) ISBN 978-4-7698-7015-9

教科書が教えない 楠木正成

産経新聞取材班

明治の小学生が模範とした人物第一位——天皇の求心力と権威の下で実務に長けた武士が国政を取る「日本」を夢見て、そのために粉骨砕身働いたのが正成という武将だった。戦後、墨塗りされ、教科書から消えた正成。日本が失った「滅私奉公」を発掘する。

定価990円(税込) ISBN 978-4-7698-7014-2